I0400657

www.ingramcontent.com/pod-product-compliance
Lightning Source LLC
Chambersburg PA
CBHW040544130526
44590CB00053B/4336
* 9 7 8 1 7 3 7 1 6 5 5 2 1 *

What NOT to Do

الأخطاء الشائعة في كتابة إجراءات الطاقة النووية وحلولها

©John Clement Photography

What NOT to Do

الأخطاء الشائعة في كتابة إجراءات الطاقة النووية وحلولها

Cat Stephenson

الأخطاء الشائعة في كتابة إجراءات الطاقة النووية وحلولها :What NOT to Do

حقوق النشر 2022 © محفوظة للكاتبة كات ستيفنسون (Cat Stephenson)
تصميم الغلاف وتصميم الكتاب والتحرير: Full Spectrum Publications، 2022 ©

ترجمة الدكتورة دانة عوض

صورة الغلاف الأماميّ والصور في الصفحات i و 13 و 62: John Clement Photography، 2022 ©
صورة الغلاف الخلفيّ والصور في الصفحات 33 و 52: Kelly Lacy، Make Beautiful، 2022 ©

جميع الحقوق محفوظة. يحظر إعادة إنتاج أي جزء من هذا الكتاب أو توزيعه أو نقله بأيّ شكل وبأيّ وسيلة، بما في ذلك التصوير أو التسجيل أو أيّ طرق إلكترونيّة أو تكنولوجيّة أخرى، أو عن طريق أيّ نظام لتخزين المعلومات واسترجاعها دون الحصول على إذن كتابيّ مسبق من الناشر، باستثناء الاقتباسات الموجزة جدًا الواردة في المراجعات النقديّة وبعض الاستخدامات غير التجاريّة الأخرى التي يسمح بها قانون حقوق النشر.

All rights reserved. No part of this publication may be reproduced, distributed, or transmitted in any form or by any means, including photocopying, recording, or other electronic or mechanical methods, or by any information storage and retrieval system without the prior written permission of the publisher, except in the case of very brief quotations embodied in critical reviews and certain other noncommercial uses permitted by copyright law.

Manufactured in the United States of America

Library of Congress Cataloging in Publication Data
Stephenson, Catherine Lee
الأخطاء الشائعة في كتابة إجراءات الطاقة النووية وحلولها :What NOT to Do

ISBN: 978-1-7371655-2-1 (paperback, النسخة الورقيّة)
ISBN: 978-1-7371655-3-8 (eBook, النسخة الإلكترونيّة)

الطبعة الأولى

Mark Salisbury

إلى مارك

بامتنان عميق، أهدي هذا الكتاب لذكرى مارك ساليسبري. الصديق الأعزّ ومن أفضل المحرّرين الذين عرفتهم.

شكر وتقدير

لطالما كانت كتابة دليل كتاب الإجراءات لمحترفي الطاقة النووية في العالم العربي هدفًا أسعى لتحقيقه، لذلك أنا سعيدة بإنجاز هذا المشروع وممتنّة للخبراء والأصدقاء التالية أسماؤهم لتوجيهاتهم الفنيّة ودعمهم.

إنتاج الكتاب

ترجمت الدكتورة دانة عوض *(Dana Awad)*، والتي تشغل منصب أستاذ مساعد في اللّسانيات في الجامعة اللبنانيّة، الكتاب إلى اللّغة العربيّة. تتميّز دانة بالاجتهاد والحرص على التأكّد من صحّة الترجمة وكان العمل معها ماتعاً. طوّرت المحرّرة ستايسي سميث *(Stacy Smith)*، وهي صاحبة دار نشر فول سبيكترم *(Full Spectrum Publications)* في مدينة أنكوراج، ولاية ألاسكا، النسخة الإنجليزية المذهلة بصريًا من *"What NOT To Do"* (نُشر عام 2021). أتقنت ستايسي التصميم الشكلي للّغة العربيّة الوسطى.

مراجعة الكتاب

فيما يخصّ مراجعة محتويات هذا الكتاب من أجل الوضوح والدقة، فإنّني أقدّر الدعم الممتاز الذي قدّمه الدكتور غسان مراد *(Ghassan Mourad)*، أستاذ اللسانيّات الحاسوبيّة والإعلام الرقميّ في الجامعة اللبنانية. راجع د. مراد الترجمة لتحرّي دقّتها.

بالإضافة إلى د. مراد، راجع أربعة زملاء أمريكيّون الكتاب بنسخته الإنجليزيّة وكانت مراجعتهم مفيدة، وهم: جورج رابوسا *(George Raposa)*، مستشار الإجراءات الوقائية والأمن ولديه أكثر من 40 عامًا خبرة دوليّة في دعم البرامج الحكوميّة المتعلّقة بالأمن النووي وبالأمن البيولوجي. كارول شميدلر *(Carol Schmeidler)*، مديرة برامج السلامة والصحة الصناعية في جامعة ولاية نيويورك في بوفالو، نيويورك، كينيث دي جيفري *(Kenneth D. Jeffery)*، خبير في الأمن النووي ولديه خبرة 32 عامًا في العمليّات الأمنيّة والأدوار الإداريّة الأمنيّة. أنجيلا بيس *(Angela Pease)*، مديرة برنامج تحليل الاتجاهات في محطّة طاقة نووية في الولايات المتحّدة الأمريكيّة.

الصور

التقط كلّ من جون كليمنت *(John Clement)*، وهو أحد المصوّرين المعروفين في شمال غرب الولايات المتحدة، والمصوّر العالمي كيلي لاسي *(Kelly Lacy)*، مؤسّس إستوديو مايك بيوتيفول *(Make Beautiful Studio)* في مدينة تشاتانوغا في ولاية تينيسي، الصور الفوتوغرافيّة الرائعة التي تظهر في الكتاب.

توطئة المترجمة

طلبت منّي الكاتبة كات ستيفنسون ترجمة كتابها في صيف عام 2021، وما شدّني لترجمته هو موضوعه الذي يوضّح طرائق الكتابة الإجرائيّة (يُطلق عليها أيضاً الكتابة الوظيفيّة) في صناعة الطاقة النوويّة باللّغة الإنجليزيّة. النسخة العربيّة من هذا الكتاب موّجهة للعرب الذين يكتبون باللّغة الإنجليزيّة في نطاق عملهم داخل محطّات الطاقة النوويّة.

لاحظت الكاتبة، انطلاقاً من خبرتها الواسعة في هذا المجال، أنّ معظم من يتوّلى مهمّة الكتابة الإجرائيّة هم مهندسون لم يسبق لهم العمل في مجال الكتابة قبل القيام بهذه المهمّة، ممّا قد يعرّضهم لارتكاب أخطاء قد تكون عواقبها وخيمة، وقد أثرت الكاتبة كتابها بأمثلة على حوادث حصلت نتيجة ضعف الصياغة أو عدم فهم العمّال للكتابة الإجرائيّة.

كوني مختصّة في علوم اللّغة، فإنّني أعلم أنّ الكتابة الإجرائيّة لها معاييرها النحويّة والتركيبيّة الصارمة والدقيقة، ويعود ذلك لأهميّة الصّياغة الواضحة والدقيقة لإرشادات العمل من صيانة وتشغيل معدّات، الخ. فكيف إذا كان كاتب الإجراء يكتب بلغة غير لغته الأمّ؟ من هذا المنطلق، تقدّم الكاتبة وصفاً للأخطاء الشائعة التي لاحظتها في الكتابة الإجرائيّة باللّغة الإنجليزيّة من قبل مهندسين عرب.

من الجدير بالذكر أنّ التواصل كان مباشراً بيني وبين الكاتبة أثناء الترجمة. نتيجةً لذلك، وبطلب من الكاتبة، أبقيت على بعض الكلمات باللّغة الإنجليزيّة (منها ما ترجمته إلى العربيّة ومنها ما لم أترجمه)، وهي كالتالي:

- أسماء المؤسّسات (أضفت الإسم الرسمي لكلّ مؤسّسة باللّغة العربيّة إلى جانب إسم المؤسّسة باللّغة الإنجليزيّة)
- أقسام الإجراء والعناوين الفرعيّة للإجراء (قمت بإضافة الترجمة العربيّة وأبقيت على الكلمة الإنجليزيّة في كلّ مرّة وردت في الكتاب، وذلك بطلب من الكاتبة)
- الأمثلة على الاستخدام (لم أترجمها إلى اللّغة العربيّة لأنّ الهدف من الكتاب هو الإرشاد على الكتابة الإجرائيّة الصحيحة باللّغة الإنجليزيّة)

ستساعد ترجمة هذا العمل على ضمان جودة الكتابة الإجرائيّة باللّغة الإنجليزيّة، وهي اللّغة المعتمدة والأكثر شيوعاً في كتابة إجراءات الصيانة والتشغيل في صناعة الطاقة النوويّة.

أشكر الأستاذ الدكتور غسّان مراد على مراجعته القيّمة للترجمة.

د. دانة عوض

جدول المحتويات

شكر وتقدير ix

توطئة المترجمة xi

الفصل 1: تعلُّم ما لا يجب فعله (What NOT to Do) 1

    المهمّة المزدوجة لكاتب الإجراءات 1

    الرجوع إلى دليل الكاتب 2

    العمل طبقاً للإجراءات - معيار دوليّ 2

    وظيفة الإجراء 4

الفصل 2: العمل ضمن نماذج 5

    وظيفة نموذج الإجراء 5

    تعبئة أقسام النموذج 5

    صياغة عناوين الإجراءات 7

    استخدام المبني للمعلوم أو المبني للمجهول 8

    ما لا يجب فعله (What NOT to Do) عند تعبئة النماذج 8

الفصل 3: الاحتفاظ بجداول المراجعة (Revision Tables) 11

    وظيفة جدول المراجعة (Revision Tables) 11

    التعرّف على التغييرات الرئيسيّة والثانويّة في الإجراءات 12

    ما لا يجب فعله (What NOT to Do) عند ملء جداول المراجعة
(Revision Tables) 13

الفصل 4: بناء الغرض والنطاق (Purpose and Scope) في قسمين فرعيين 15

    وظيفة القسم 1.0: الغرض والنّطاق (Purpose and Scope) 15

    كتابة بيان الغرض (Purpose) 16

    تحديد المستندات الحاكمة 17

صياغة بيان النّطاق (Scope) 17

ما لا يجب فعله (What NOT to Do) عند كتابة القسم الأوّل
(1.0, Purpose and Scope) 18

الفصل 5: كتابة التعريفات والمصطلحات المختصرة

(Definitions and Acronyms) 21

وظيفة القسم 2.0: Definitions and Acronyms 21

تحديد المصطلحات "المستخدمة" وتلك "الفريدة" 22

سرد المصطلحات المختصرة 23

الرّجوع إلى مسارد المحطّة 24

ما لا يجب فعله (What NOT to Do) عند كتابة القسم 2.0
(Definitions and Acronyms) 24

الفصل 6: وصف مسؤوليّات العامل (Responsibilities) 29

وظيفة القسم 3.0 (Responsibilities) 29

ما لا يجب فعله (What NOT to Do) عند كتابة قسم 3.0 المسؤوليات
(Responsibilities) 32

الفصل 7: صياغة تعليمات (Instructions) عمليّة 35

وظيفة القسم 4.0 التعليمات (Instructions) 35

كتابة التعليمات (Instructions) أوّلاً 36

صياغة خطوات العمل 37

عدم ترك أسئلة دون إجابة 39

ما لا يجب فعله (What NOT to Do) عند كتابة القسم 4.0 التعليمات
(Instructions) 41

الفصل 8: تدقيق المراجع (References) 45

وظيفة القسم 5.0 المراجع (References) 45

تحديد المتطلبات (Requirements) 46

ما لا يجب فعله (What NOT to Do) عند كتابة القسم 5.0 المراجع (References)... 47

الفصل 9: فهم ما يشكّل سجلّاً (Record) 51

جدول المحتويات

وظيفة القسم 6.0 السجّلات (Records) 51

ما لا يجب فعله (What NOT to Do) عند كتابة القسم 6.0 السجلّات (Records) 51

الفصل 10: الاستشهاد بالمرفقات (Attachments) للاستخدام 55

وظيفة القسم 7.0 المرفقات (Attachments) 55

متى نضع تعليمات في المرفقات (Attachments) 56

ما لا يجب فعله (What NOT to Do) عند كتابة القسم 7.0، المرفقات (Attachments) 56

الفصل 11: تطبيق كتاب ما لا يجب فعله (What NOT to Do) 61

1. كتابة الإجراء بنفس طريقة كتابة مستند آخر 62
2. عدم مراجعة الإجراء بشكلٍ كافٍ 66
3. تسليط الضوء على الجزء الخاطئ في الإجراء 68
4. استخدام النقاط بدلاً من الأرقام لتعداد خطوات الإجراء ممّا يؤدّي إلى نقص في المساءلة 69
5. تنظيم قوائم التعداد النقطي بشكل غير متسّق 70
6. حذف مخطّط ترقيم الخطوات 71
7. الخطأ في وضع الأعمال في خانة الملاحظات (Notes) 73
8. الإشارة إلى أجزاء من الإجراء تمّت إزالتها من الصفحة باستخدام كلمتيّ "above" و "below" 74
9. إساءة استخدام الاختصاران ".i.e" و ".e.g" باللّغة الإجليزيّة 75

الفصل 12: إنجاز العمل 77

المراجع التي تستخدمها الكاتبة 79

المراجع 81

قائمة الكلمات والمصطلحات 85

الكاتبة 87

المساهمون 89

الفصل 1

تعلُّم ما لا يجب فعله (What NOT to Do)[1]

إنّ صناعة الطاقة النوويّة آخذة في التوسّع في الشرق الأوسط، فمحطّات الطاقة النوويّة في مراحل التشغيل، التخطيط والبناء موجودة في الأردن، مصر، الإمارات العربيّة المتحدة وفي دول أخرى في المنطقة. هذا الكتاب موجّه للمهندسين العرب المكلّفين بكتابة إجراءات تشغيل الطاقة النوويّة باللّغة الإنجليزيّة. يضمّ الكتاب إرشادات الكتابة باللّغة العربيّة مع أمثلة عليها باللّغة الإنجليزيّة، ممّا يساعد على سهولة فهم الإرشادات.

المهمّة المزدوجة لكاتب الإجراءات

كما هو الحال مع العديد من كتّاب إجراءات صناعة الطاقة النوويّة، ربّما كلّفت بهذه المهمة ليس لمهارتك ككاتب، بل لمعرفتك بتشغيل محطات الطاقة النوويّة وبهياكل، أنظمة ومكوّنات هذه المحطّات.

سواء أمضيت بداية حياتك المهنيّة خلف مكتب أو بتشغيل المعدّات داخل محطة طاقة نوويّة، فإنّك على الأغلب، لم تطوّر مهارة الكتابة كمهارة أساسيّة في عملك، على الرغم من المعرفة الفنيّة التي بنيتها. الآن بعد أن أصبحت كاتب إجراءات بدوام كامل، قد ترغب في تحسين هذه الموهبة. بإمكانك اعتبار هذا الكتاب كأداة لتحسين هذه الموهبة، فهو دليل إرشادي. لن يوضّح لك هذا الكتاب الطريقة الصحيحة لكتابة الإجراءات فحسب، بل سيخبرك أيضًا بما لا يجب فعله *(What NOT to do)* عند الكتابة.

كمسمّى وظيفي، يتلخّص عملك ككاتب إجراءات بمهمتين:

- إجراءات: اصطلاحاً، "إجرءات" تعني صيغة كتابيّة تصف كيفيّة القيام بعمل (تعليمات ممارسة المهنة) في قسمٍ ما. على سبيل المثال، إجراءات قسم الفيزياء الصحيّة
- كاتب: نعني بهذه الكلمة شخصًا لديه القدرة على وصف طريقة العمل بدقة بحيث يمكن تنفيذها بنفس الطريقة وإكمالها بنفس النتائج في كلّ مرة يتم فيها تنفيذ الإجراء

[1] بطلب من الكاتبة، تمّت إضافة عبارة "What NOT to Do" بجانب ترجمتها العربيّة في كلّ مرّة لأنّها تريد أن تكون هذه العبارة العلامة الفارقة للكتاب.

يدرك كاتب الإجراءات أهميّة صياغة مستندات تتسّم بالاتّساق والدقّة، للحدّ من تعرّض العمّال للمخاطر. إذا تجاهلت هذه السمات، فقد ينتهي بك الأمر في موقفٍ كالذي حصل في محطة ديل للطاقة النووية في بلجيكا، حيث أدّى عدم اتّساق الإجراءات المكتوبة لعمليّة خلع الملابس الواقية إلى تلوّث جماعي متكرّر. لكنّ النجاح لا يأتي دائمًا بسهولة إلى كاتبي الإجراءات. هناك نوعان من الاعتقادات الخاطئة حول كتابة الإجراءات:

1. الأوّل هو الاعتقاد الخاطئ أنّ الكتابة ليست مهارة فعليّة، فالكتابة جزء من عمل كافّة موظّفي محطات الطاقة النوويّة تقريباً، ولهذا السبب غالباً ما يُفترض أنّه بإمكان أيّ موظّف كتابة الإجراءات. لكن على العكس من ذلك، فإنّ كتابة الإجراءات مهارة يجب تعلّمها. ويعدّ هذا النوع من الكتابة اختصاصاً يفرض معايير تنظيميّة، فلكتابة الإجراءات قواعدها وقيودها الخاصة، كما هو الحال في أي قسم آخر في محطّة الطاقة النوويّة.

2. الاعتقاد الخاطئ الثاني هو أنّ عمل كاتب الإجراءات يشبه عمل السكرتير، بحيث تتمّ كتابة الملاحظات من القسم الذي يقوم بتطبيق الإجراء، كقسم الهندسة الميكانيكيّة مثلاً. وبالفعل، يقوم كاتبو الإجراءات بجمع المعلومات من القسم الذي يطبّقها، ولكن تنظيم وصياغة هذه المعلومات من مهام قسم الإجراءات وليس من مهام، باستخدام نفس المثال، قسم الهندسة الميكانيكيّة. إنّ معايير قسم الإجراءات محدّدة من قبل منظّمات عالميّة كالوكالة الدوليّة للطاقة الذريّة، الجمعيّة النوويّة العالميّة، واللجنة التنظيميّة النوويّة في الولايات المتحّدة الأمريكيّة.

أثناء قراءتك لدليل الإرشادات هذا، سوف تعيد النظر في بعض القواعد الأساسيّة لكتابة الإجراءات. الأمثلة الموجودة في الكتاب، على كلٍّ من الكتابة الجيدة والسيئة، هي أمثلة فعليّة قرأتها خلال عملي كمحرّرة؛ فقد عملت ككاتبة إجراءات ومحرّرة تقنيّة في صناعة الطاقة النووية لأكثر من خمسٍ وعشرين عامًا، وعملت على مشاريع في الولايات المتحدة وفرنسا وكندا وروسيا والإمارات العربية المتحدة. على مرّ السنين، شاهدت كاتبو الإجراءات يرتكبون نفس الأخطاء، بغضّ النظر عن مكان عملهم في العالم أو القسم الذي يمثّلونه. لقد حفزّتني هذه الملاحظة على كتابة دليل الإرشادات هذا لمساعدتك على فهم ما لا يجب فعله *(What NOT to do)* عند صياغة الإجراءات.

الرجوع إلى دليل الكاتب

تُصدر محطات الطاقة النوويّة دليل الكاتب لتوجيه الصياغة المتسقة للإجراءات، لأنّ الإجراءات السهلة التطبيق هي تلك المصاغة بنفس الطّريقة. إنّ هذا الكتاب ليس بديلاً عن دليل الكاتب في المحطّة التي تعمل بها، لكنّه يسلّط الضوء على الأخطاء الكتابيّة المتكرّرة على الرغم من توفّر دليل الكاتب لديك.

العمل طبقاً للإجراءات - معيار دوليّ

أثناء قراءة هذا الدليل، سترى أنّي أؤكد على مفهوم "العمل طبقاً للإجراءات." الإجراء يعني كتابة العمل المطلوب تطبيقه على الورق، هذا هو الهدف الوحيد من الإجراء.

الفصل 1 تعلُّم ما لا يجب فعله (What NOT to Do)

فالإجراءات لا تُكتب بهدف إطلاق برامج الأقسام، ولا تُكتب للتحقّق من اتفاقّيات العقود، كما ولا تُكتب لنشر السياسات رفيعة المستوى للشركة. يجب أن تفهم أنّ الإجراءات تُرشد تطبيق العمل، وهذا هو المفهوم العالمي لها، والمصادر التالية دليل على ذلك:

الوكالة الدوليّة للطاقة الذريّة: تُعرّف الوكالة الدوليّة للطاقة الذريّة الإجراءات بأنّها إيصال كيفيّة أداء الأعمال داخل محطات الطاقة النوويّة (الوكالة الدوليّة للطاقة الذريّة IAEA، 1998).

المملكة المتحدة: حسب الهيئة البريطانيّة للرقابة النوويّة، فإنّ"... الإجراءات مصمّمة (بحيث)... تؤثر على الموثوقيّة التي يتم من خلالها التحكم في المهام التي تتطلّب درجة عالية من السلامة" (الهيئة البريطانيّة للرقابة النوويّة ONR، 2017).

"...procedures are designed (such that they) ...influence the reliability with which safety significant tasks are controlled" (ONR 2017).

الهند: في الهند، "يتمّ تشغيل المحطّة وفقًا لإجراءات محدّدة ومعتمدة تحدّد متطلّبات السلامة لمعايير النظام المختلفة..." (الوكالة الدوليّة االطاقة الذريّة IAEA، 2016)

"Operation of the plant(s) is carried out as per defined and approved procedures defining the safety limits for various system parameters..." (IAEA 2016).

إسبانيا: يطلب مجلس الأمان النوويّ في إسبانيا من الشركات المرخّص لها بتشغيل المنشأة إثبات معرفتها "... بعمليّة، قواعد وإجراءات العمل..." (مجلس الأمان النووي CSN، التاريخ غير محدّد).

"...in the operation, the rules and procedures of action..." (CSN, n.d.).

الإمارات العربيّة المتحدة: يخضع إنتاج الطاقة النووية في دولة الإمارات العربية المتحدة للهيئة الاتحادية للرقابة **النووية**، التي تتطلّب "...أن يخضع كلّ عمل منفّذ خلال كلّ عمليّة للرقابة باستخدام الإجراءات أو التعليمات أو الرسومات المعتمدة أو غيرها من الوسائل المناسبة..." (الهيئة الاتحاديّة للطاقة النوويّة FANR، 2011).

"...the work performed in each process is carried out under controlled conditions, by using approved current procedures, instructions, drawings, or other appropriate means..." (FANR 2011).

كندا: تجمع هيئة الأمان النووي الكندية بين عوامل الأداء البشري ومبادئ الأداء الآمن عند"... صياغة الإجراءات المكتوبة..." (هيئة الأمان النووي الكنديّة CNSC، 2019).

"...the design of written procedures..." (CNSC 2019).

الولايات المتحدة الامريكية - في الولايات المتحدة، تخضع عمليات محطات الطاقة النووية لأحكام القانون الفيدرالي، والذي ينصّ على أنّ "جميع الأعمال المرتبطة بالجودة يجب أن توثّق كتابيّاً على شكل تعليمات، إجراءات أو رسوم..." (القانون اللوائح الفيدراليّة الإلكتروني E-CFR، التاريخ غير محدّد).

"Activities affecting quality shall be prescribed by documented instructions, procedures, or drawings…" (E-CFR, n.d.).

تركيا - تتطلّب هيئة الطاقة الذرية التركية "…تنفيذًا صارمًا ودقيقًا لجميع المهام والأنشطة وفقًا لمتطلبات السلامة التنظيميّة المعمول بها والإجراءات المعتمدة وأفضل الممارسات الدوليّة" (هيئة الطاقة الذريّة التركيّة TAEA، 2016).

"…rigorous and precise implementation of all tasks and activities in accordance with the applicable regulatory safety requirements, approved procedures and best international practice." (TAEA 2016).

جميع المصطلحات المذكورة آنفاً (أنشطة، مهام، عمليّات، أعمال، أداء، واجبات) تتشارك معناً واحداً : العمل. ففي جميع أنحاء العالم، تطلب الحكومات من محطات الطاقة النووية الخاصة بها القيام بالعمل وفقًا للإجراءات. هذا هو القانون.

وظيفة الإجراء

في هذا الدليل، أؤكد على مصطلح "الوظيفة." ومن المهم التذكير أنّ الإجراءات لها وظائفها الخاصة: توجيه العمّال بأمان ودقة من خلال إجراءات العمل.

بغض النظر عن القسم الذي يُنفّذها، يجب أن تُكتب الإجراءات وفقاً لدليل كاتب المحطة، كما ويجب أن تلبّي المتطلبات التنظيمية، كتلك الصادرة عن الوكالة الدولية للطاقة الذرية.

لكي تكون كاتباً جيّداً للإجراءات، يجب عليك اتباع معايير صناعة الطاقة النووية الراسخة لتطويرها.

هذه وظيفتك أنت!

الفصل 2

العمل ضمن نماذج

وظيفة نموذج الإجراء

تتحكّم النماذج في نوع المعلومات التي يحتويها الإجراء والترتيب الذي تظهر به تلك المعلومات. بصفتك كاتب إجراءات ، فإن هدفك هو صياغة الإجراءات بدقة تتيح تنفيذها بأمان وبنفس الطريقة بحيث يتم إنهاؤها بنفس النتائج في كل مرّة يتم تنفيذها. النماذج هي الوسيلة لتحقيق هذا الهدف.

للنماذج وظيفتان:

1. ضمان وضع المعلومات لمطلوبة في الإجراء.
2. التحكم في الترتيب الذي تظهر به تلك المعلومات

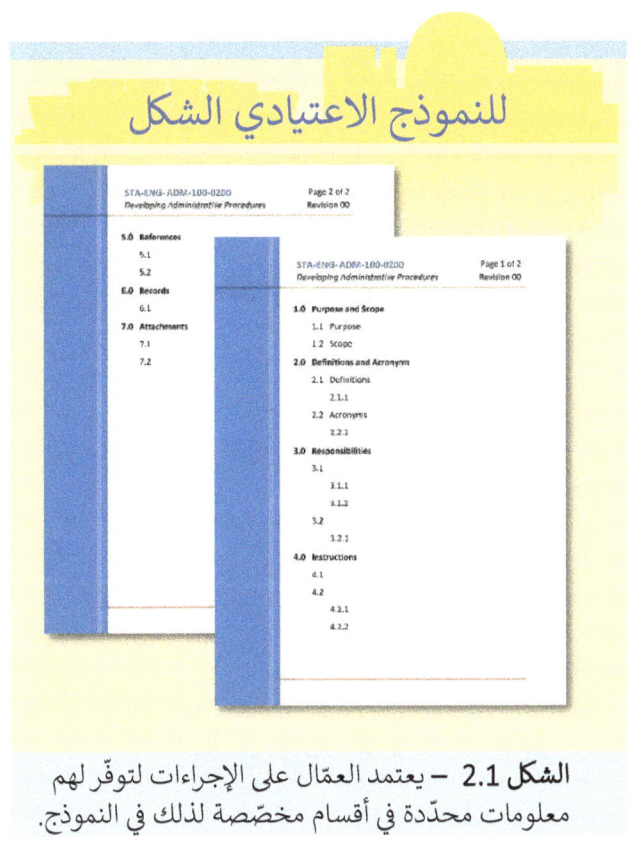

الشكل 2.1 – يعتمد العمّال على الإجراءات لتوفّر لهم معلومات محدّدة في أقسام مخصّصة لذلك في النموذج.

تعبئة أقسام النموذج

كما هو موضّح في الشكل 2.1، يتضمّن نموذج الإجراءات سبعة أو ثمانية أقسام. يتضمّن النموذج المُستخدم في هذا الكتاب سبعة أقسام، وهو مصمّم ليتمّ توزيعه مع ورقة الغلاف *(cover sheet)* وجدول المراجعة *(revision table)*. لتعبئة أقسام النموذج بشكل صحيح، يجب فهم الوظيفة من كلّ قسم.

ورقة الغلاف (*cover sheet*)
تعمّم الإجراءات مع أوراق الغلاف (*cover sheets*) التي طوّرها قسم مراقبة وثائق إدارة السجلات بالمحطة. تضيف بعض المحطات أيضًا جدول محتويات (*table of contents*) مصحوبًا بأوراق الغلاف. يساعد جدول جدول المحتويات (*table of contents*) العمّال على تحديد أقسام معيّنة داخل الإجراء.

جدول المراجعة (*revision table*)
تسجّل جداول المراجعة (*revision tables*) وقت إنشاء الإجراءات وسبب إنشائها، مراجعتها، استبدالها أو إلغائها.

القسم 1.0: الغرض والنطاق (*purpose and scope*)
يتكوّن القسم الأوّل من قسمين فرعيين. القسم الفرعي الأوّل ، الغرض (*purpose*) ، يلخّص هدف الإجراء ويحدّد المستندات الأصل (المستندات الحاكمة) إن وُجدت. القسم الفرعي الثاني ، النطاق (*scope*) ، يحدّد العمّال وأنظمة التشغيل المشاركة في عمليّة الإجراء. يحدّد النطاق (*scope*) أيضًا القيود الموجودة على نشاط العمل لضمان سلامة العمّال.

القسم 2.0: التعريفات والاختزالات (*definitions and acronyms*)
يسرد القسم الثاني المصطلحات الفريدة للإجراء. يجب الحصول على التعريفات والاختزالات من المصادر المصرّح بها ، مثل قائمة مصطلحات السلامة (*safety glossary*) التابعة للوكالة الدولية للطاقة الذرية (الوكالة الدولية للطاقة الذرية IAEA، 2019).

القسم 3.0: المسؤوليّات (*responsibilities*)
يحدّد القسم الثالث العمّال المسؤولين عن أداء الإجراءات، وتلخّص أنشطة الإجراءات باستخدام اصطلاحات عامّة.

القسم 4.0: التعليمات (*instructions*)
يتضمّن القسم الرابع وظيفة الإجراء، وهو القسم الأكثر أهمية في النموذج. إذا لم تُكتب التعليمات (*instructions*) بدقّة في هذا القسم، فقد ينتج عن ذلك أخطاء في الأداء البشري تغيّر بشكل ضار حالة الهياكل أو الأنظمة أو المكوّنات. يجب كتابة القسم الرابع قبل أي قسم آخر في النموذج، وذلك لأنّ المعلومات الواردة في القسم الرابع من موظفين، أنظمة التشغيل وإجراءات العمل ستنطبق على جميع أقسام النموذج الأخرى.

القسم 5.0: المراجع (*references*)
يدرج القسم الخامس الوثائق المقتبس منها معلومات لاستخدامها في الإجراء، على سبيل المثال إجراءات محطات أخرى.

القسم 6.0: السجلّات (*records*)
في هذا القسم، يتمّ سرد السجلات (*records*) التي تولّدت عن أداء الإجراءات. مثال على السجل (*record*) هو قائمة مراجعة مكتملة تمّ توقيعها وتأريخها وتقديمها إلى قسم مراقبة وثائق إدارة السجلات لحفظها.

القسم 7.0: المرفقات (*attachments*)
يتضمّن القسم السابع ما يلي:(1) قائمة بالمرفقات (*attachments*) و(2) نسختين من المرفقات (*attachments*) يتمّ إدراجهما خلف الإجراء.

النموذج السابق هو مثال واحد على أشكال مختلفة من النماذج المتوفّرة لمجال صناعة الطاقة النوويّة. بإمكاننا تعديل النماذج كي تتوافق مع المهام المراد تأديتها، أحد الأمثلة على ذلك هو الاتجاه إلى إدراج الصور في إجراءات قسم الصيانة.

في الولايات المتحدة الأمريكيّة، تستخدم محطّة سيبروك للطاقة النوويّة الصور لعرض الأجهزة وأماكن تواجدها، وذلك بصور مقرّبة وصور مأخوذة من مسافة بعيدة (الوكالة الدوليّة للطاقة الذريّة IAEA، b2020).

في المملكة المتحدة، يحتوي قسم إجراءات الصيانة في محطة "دانجنيس" للطاقة النوويّة على صور ورسوم بيانيّة لتخطيطات الأجهزة، كما ويستخدمون الرموز لتسليط الضوء على الإجراءات المتوقعة مثل "التسجيل *(record)*" و "التوقيع مطلوب *(signature required)*" و "نقطة الإمساك *(hold point)*".

في محطّة راجستان للطاقة الذريّة في الهند، يتضمّن قسم الكيمياء، في إجراءاته، صوراً توضّح مواقع أخذ العيّنات ومواقع أقنعة الهواء في حالات الطوارئ (الوكالة الدوليّة للطاقة الذريّة IAEA، 2020a).

(US NRC 1979).

صياغة عناوين الإجراءات

الإجراء المسمّى بدقة هو مساعدة للعمّال؛ والتسمية غير الدقيقة للإجراء تعدّ ضررًا؛ والدليل على ذلك هو تقييم اللّجنة التنظيميّة النوويّة لردود مشغل غرفة التحكم خلال حادث جزيرة الثلاثة أميال (ثري مايل آيلاند) عام 1979 (US NRC 1979).

كشفت الدراسة أنّ المشغّلين واجهوا مشاكل في اختيار الإجراءات الصحيحة التي من شأنها أن تساعدهم على االتصدّي لظروف المصنع الفاشلة. بعد الحادث، أقرّت كلّ من الشركة المرخّص لها واللجنة التنظيميّة النوويّة بأنّ ما حدّ من ردود الفعل الفعّالة كان الضوضاء، الارتباك وغرفة التحكّم المزدحمة. عقب الحادث، ساهمت العديد من العوامل في حلّ النتائج التي توصلت إليها اللّجنة التنظيميّة النوويّة. إنّ المساهمة الأكثر وضوحًا الذي يمكن لكاتبي الإجراءات تقديمها هي صياغة عناوين تشير بوضوح إلى الغرض من الإجراء.

الشكل 2.2 – استخدام أفعال الحركة في العنوان يساعد العمّال على فهم الغرض من الإجراء.

يوضّح الشكل 2.2 أنّ التسمية غير الدقيقة للإجراء تؤدي إلى سوء تفسيره. في حال واجه كاتبو الإجراءات صعوبة في صياغة العنوان، بإمكانهم استخدام أدوات السؤال من، ماذا، متى، أين، لماذا، وكيف؛ وما عليهم إلّا الإجابة على أسئلة بسيطة للتوصّل إلى عناوين مفيدة. على سبيل المثال:

- إذا كان توقيت العمليّة عنصراً مهمّاً في الإجراء، ضع كلمة تدّل على ذلك في العنوان، مثل:

Annual Inspection of Company Vehicles

- إذا كان مكان الحادث هو العنصر المهمّ في الإجراء، أكّد على ذلك في العنوان، مثل:

Coordinating Alert Notification Tests for the South Sector

يساعد استخدام الأفعال (أو مصادر تنوب عنها) على فهم العنوان؛ كإضافة المصدر <u>تصنيف</u> إلى العنوان *condition reports* ليصبح *categorizing condition reports*، أو إضافة المصدر <u>منح</u> إلى العنوان *Blanket Agreement Purchases* ليصبح *Awarding Blanket Agreement Purchases*. تمنح هذه المعلومات المضافة العمّال الثقة في أنّ لديهم الإجراء الصحيح للوظيفة الموكّلة إليهم.

استخدام المبني للمعلوم أو المبني للمجهول

عند كتابة إجراءات الطاقة النوويّة باللّغة الإنجليزيّة، نستخدم ما يسمّيه النحويّون المبني للمعلوم (*active voice*)، ما يعني في سياق هذا الكتاب الكتابة بطريقة مباشرة، أو المبني للمجهول (*passive voice*)، أي الكتابة بطريقة غير مباشرة (حتى لو كان الفاعل محدّداً في الجملة) :

- في حالة المبني للمعلوم، نستخدم فعل الأمر بصيغة المخاطب كأنّنا نأمر الأشخاص المعنيين بأداء فعل معيّن. فنقول مثلاً لمهندس البناء:

PERFORM fire watch duties until the Station Fire Marshall arrives on scene

- في صيغة المبني للمجهول ، يتلقّى الأشخاص الإجراءات دون أمر، مثل:

The Building Engineer will perform fire watch duties until the Station Fire Marshall arrives on scene

عادةً ما تُكتب إجراءات التشغيل بصيغة المبني للمعلوم وإجراءات الإدارة بصيغة المبني للمجهول، وتكون الصيغة المطلوب استخدامها محدّدة في دليل الكاتب الخاص بالمحطّة التي تعمل بها. صيغت الأمثلة في هذا الكتاب باستخدام المبني للمجهول.

ما لا يجب فعله (*What NOT to Do*) عند تعبئة النماذج

فيما يلي الأخطاء الكتابيّة الشائعة في صناعة الطاقة النوويّة، وهي أمثلة على ما لا يجب فعله (*What NOT to do*) عند تعبئة النماذج:

1. ترك قسم من أقسام النموذج فارغاً.
2. صياغة نصّ يصف الإجراء وواجبات العامل.
3. وضع خطوات العمل بشكل عشوائي في أي قسم من أقسام النموذج المطلوب.
4. تحديد أكثر من مهمّة لإجراء واحد.

الفصل 2 ❖ العمل ضمن نماذج

في القسم التالي، سنشرح قائمة الأخطاء بالتفصيل مع حلول لتجنّبها في المستقبل.

	الخطأ الشائع في صناعة الطاقة النوويّة	الحلّ
1	ترك قسم من أقسام النموذج فارغاً.	كتابة كلمة None في القسم الخالي من المحتوى.

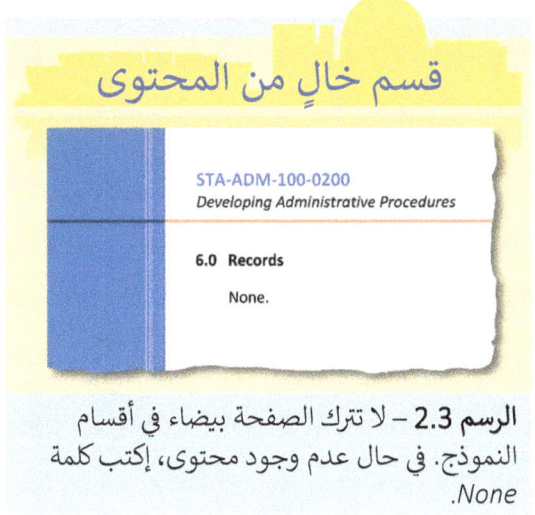

الرسم 2.3 – لا تترك الصفحة بيضاء في أقسام النموذج. في حال عدم وجود محتوى، إكتب كلمة None.

إذا كان أحد أقسام النموذج المذكورة سابقاً خالياً من المحتوى كقسم التعريفات والاختزالات (2.0. Definitions and Acronyms)، المراجع (5.0. References)، السجلّات (6.0. Records)، أو المرفقات (7.0. Attachments)، اكتب كلمة "None" كما هو موضّح في الرسم 2.3 في حال تُركت الصفحة بيضاء، قد يعتقد العمّال أنّ المحتوى سقط سهواً عند كتابة الإجراء.

	الخطأ الشائع في صناعة الطاقة النوويّة	الحلّ
2	صياغة نصّ يصف الإجراء وواجبات العامل.	اكتب إجراء يساعد على القيام بالعمل ؛ لا تهدف الإجراءات إلى إبراز مسؤوليات العامل.

في بعض الأحيان ، تُكتب المستندات للتركيز على مسؤوليات العمّال؛ أي مؤهّلاتهم وواجباتهم، ولمن يرفعون تقاريرهم ومن يقدّم لهم التقارير. هذه المستندات ليست إجراءات، معلومات مثل هذه تنتمي إلى خطة برنامج المدير. خطة البرنامج هي المكان الذي يتم فيه وصف الموظفين الرئيسيين ، كجزء من وصف البرنامج العام للمدير. تذكّر: الإجراء عبارة عن مجموعة مكتوبة من التعليمات لأداء العمل.

	الخطأ الشائع في صناعة الطاقة النوويّة	الحلّ
3	وضع خطوات العمل بشكل عشوائي في أي قسم من أقسام النموذج المطلوب.	ضع أيّ تعليمات متعلّقة بخطوات العمل في القسم 4.0 "التعليمات" (Instructions) والقسم 7.0 "المرفقات" (Attachments).

تنتمي خطوات الإجراء إلى قسم التعليمات (Instructions). يمكن وضع التعليمات التكميليّة (التي تدعم الأنشطة الأساسيّة) في المرفقات (Attachments). لسوء الحظ، تظهر الإرشادات أحياناً في أقسام الغرض والنطاق (Purpose and Scope) والمسؤوليات (Responsibilities). لقد رأيتها حتى في القسم 2.0: التعريفات والمختصرات (Definitions and Acronyms). هذه الأقسام ليست المكان الذي نقرأه قبل تنفيذ العمل.

إرشادات الإجراء تنتمي إلى قسم التعليمات (instructions).

ملاحظة: تحتوي بعض الإجراءات الفنية على أقسام "المتطلبات التمهيديّة" *(Prerequisites)*، وهي *(Prerequisites)* خطوات العمل التي يجب إكمالها قبل تنفيذ القسم 4.0 " التعليمات *(Instructions)*".

	الخطأ الشائع في صناعة الطاقة النوويّة	الحلّ
4	تحديد أكثر من مهمّة لإجراء واحد.	كتابة مهمّة واحدة لكلّ إجراء.

يُدخِل بعض المديرين عدة وظائف في إجراء واحد.... ربمّا لمواجهتهم صعوبة في فصل المسؤوليّات أو محاولةً لتوفير الورق!

قال لي أحد المديرين ذات مرة بفخر أنه كان ينفذ ثلاث وظائف في إجراء واحد. لم أقرأ إجراءه ولكني تساءلت دائمًا كيف يتمّ أداءه. هل هناك ثلاثة بيانات مختلفة للغرض *(purpose)* منه؟ إذا كان الأمر كذلك، فكيف عرف موظفوه أي غرض *(purpose)* يجب اتّباعه؟ هل قام العمّال المدرجون تحت قسم المسؤوليات *(responsibilities)* بأداء مهام للوظائف الثلاث؟ على الأرجح كلّا. هل تنطبق جميع المرفقات على الوظائف الثلاثة؟ يبدو هذا غير مرجّح أيضًا.

بالطبع ، يشرف مديرو الأقسام على العديد من المشاريع. لكن إدارة وتطبيق هذه المشاريع العديدة لا ينبغي أن يصاغ في وثيقة واحدة كبيرة الحجم. نصيحتي هي صياغة إجراء واحد لكلّ مهمّة.

الفصل 3

الاحتفاظ بجداول المراجعة (Revision Tables)

وظيفة جدول المراجعة (Revision Tables)

توثّق جداول المراجعة (revision tables) عمر الإجراء، أي وقت إنشاء إجراء ومراجعته وإلغائه أو استبداله. كاتبو الإجراءات مسؤولون عن تسجيل جميع التغييرات على الإجراء باستثناء تاريخ إصدار الإجراء؛ يُنشَر تاريخ إصدار الإجراء من قبل قسم مراقبة مستندات إدارة السجلات عند الموافقة على الإجراء.

لجدول المراجعة (revision tables) وظيفتان:

1. تسجيل التسلسل الزمني لدورة حياة الإجراء.
2. تلخيص التغييرات التي يخضع لها الإجراء.

تتكوّن جداول المراجعة (revision tables) من ثلاثة أجزاء: (1) أرقام المراجعة، (2) تواريخ تنفيذ المراجعات، (3) وصف التغييرات.

يمكن أيضًا استخدام جداول المراجعة (revision tables) لعرض تاريخ المراجعة الدوريّة القادمة للإجراء. تخضع المستندات عادةً لمراجعة إلزاميّة كلّ عامين. يساعد نشر تاريخ المراجعة الدوريّة كاتبي الإجراءات على تذكّر أنّ هذه المراجعة المهمّة متوقّعة (الشكل 3.1).

11

	الخطأ الشائع في صناعة الطاقة النوويّة	الحلّ
1	كتابة وصف مبهَم للتغييرات في الإجراءات.	صِف المراجعات بدقّة كي يفهم العمّال ضرورة التغييرات.

مثال على الوصف المبهم هو كتابة *"Added initial actions"*، وهو وصف غير مفيد. قدّم معلومات كافية حتى يفهم العمّال ضرورة مراجعة الإجراءات. وفي حال أدّت لوائح حكوميّة جديدة إلى حدوث تغييرات في الإجراءات، سجّل عنوان اللائحة ورقمها وتاريخها، كما هو موضّح في المثال التالي:

Rev. No.	Issue Date	Summary of Changes
00	04SEP2019	Initial issuance.
01	29JAN2021	Major Change. Revised action steps in Section 4.4, *Preparing Correspondence*, and modified Attachment A, *NRC Correspondence Routing Form*, to comply with 10CFR2.390 considerations for protecting safeguards information from public disclosure.

الفصل 4

بناء الغرض والنطاق (Purpose and Scope) في قسمين فرعيين

وظيفة القسم 1.0: الغرض والنّطاق (Purpose and Scope)

يصف قسم الغرض والنطاق (Purpose and Scope) الهدف من الإجراء بحيث يكون عمّال محطات الطاقة النووية قادرين على تأكيد اختيارهم للإجراء الصحيح بمجرّد قراءة الغرض من الإجراء ونطاقه (Purpose and Scope).

للقسم 1.0: الغرض والنّطاق (Purpose and Scope) وظيفتان:

1. الغرض: تلخيص العمل الذي يجب إنجازه.
2. النطاق: تحديد الموظّفين والأقسام (الإدارات) المشاركة في إنجاز العمل.

عند صياغة القسم 1.0 من نموذج الإجراء، إفصل المحتوى إلى قسمين فرعيّين: 1.1 الغرض (Purpose) و 1.2 النطاق (Scope)، كما هو موضّح في (الشكل 4.1). تجنّب دمج هذين الموضوعين في قسم واحد. يكون كلّ قسم فرعي أكثر فعاليّة عندما يُقدَّم محتواه بشكل منفصل.

يجب أن يكون كلا القسمين الفرعيين موجزين. عادةً، ثلاث إلى خمس جمل كافية. إكتب كل قسم فرعي باستخدام بيانات الحقائق التي تلخّص الغرض والنطاق. لا تُدخِل خطوات العمل في هذه الأقسام الفرعيّة. (تُذكر خطوات الإجراء في القسم 4.0: التعليمات (Instructions)، والقسم 7.0: المرفقات (Attachments).

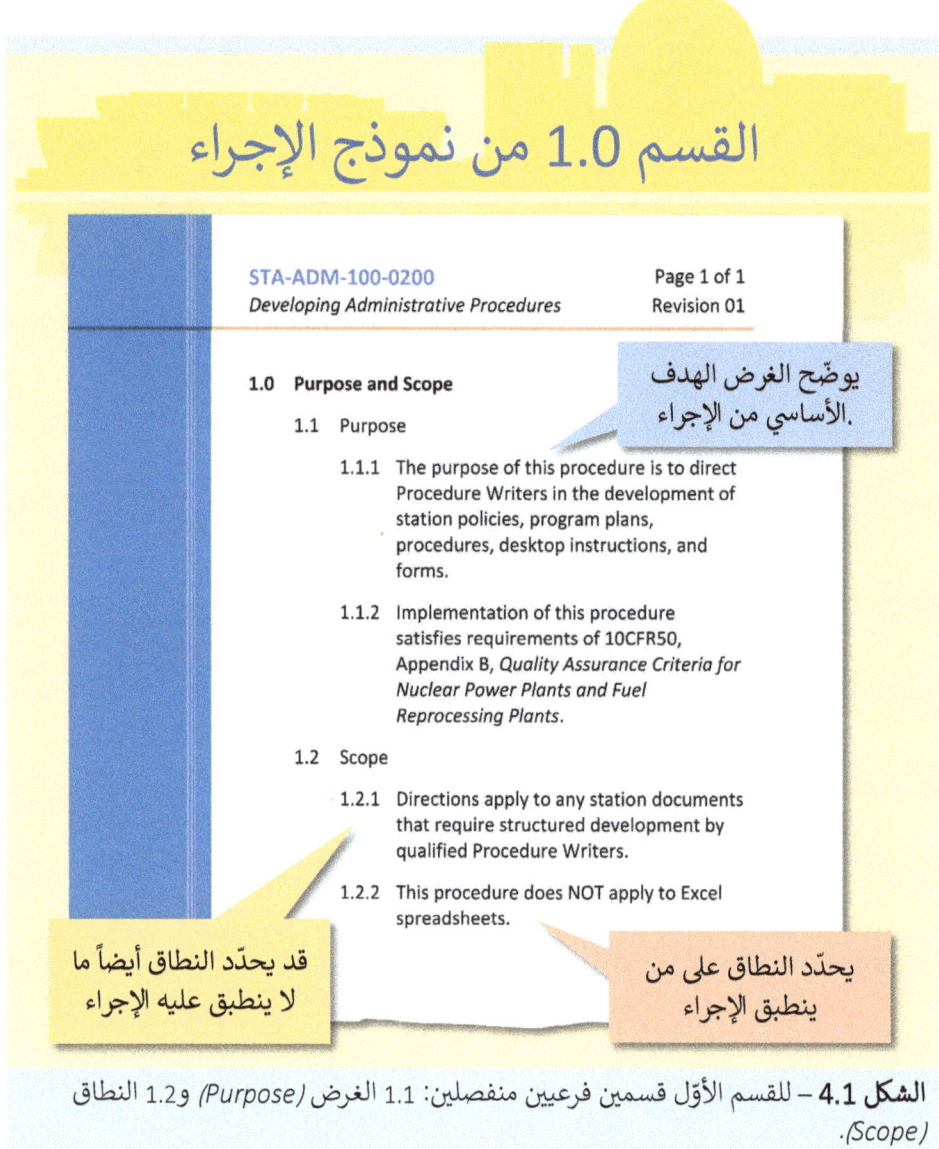

الشكل 4.1 – للقسم الأوّل قسمين فرعيين منفصلين: 1.1 الغرض (Purpose) و1.2 النطاق (Scope).

كتابة بيان الغرض (Purpose)

حسب الدراسات حول الأداء البشري، فإنّ عمّال محطّات الطاقة النوويّة ذو شخصيّة موجّهة نحو الهدف، حيث أنّهم يصبّون تركيزهم على ما يجب إنجازه (US NRC 2002). يساهم بيان الغرض، عند كتابته بشكلٍ دقيق، في تحديد أهداف العامل، أي عند كتابته على النحو التالي:

"The purpose of this procedure is to…"

يحظى بيان الغرض (Purpose) من الإجراء باهتمام كبير لأسباب مختلفة وهي التالية:

1. يقرأ العمّال بيان الغرض (Purpose) للتأكّد من اختيارهم للإجراء الصّحيح للاستخدام.
2. يرجع المدراء إلى بيان الغرض (Purpose) لتحديد ما إذا كان الإجراء ضمن مسؤوليّاتهم.
3. يرجع مدقّقو ضمان الجودة إلى بيان الغرض (Purpose) لتحديد ما إذا كانت الإجراءات تفي بالمتطلبات التنظيميّة أو الخاصة بالترخيص أو التعاقد.

الفصل 4 بناء الغرض والنطاق (Purpose and Scope) في قسمين فرعيين

4. يقرأ المنظّمون الحكوميّون الغرض (Purpose) من الإجراء للتأكّد من أنّهم يرجعون إلى المستندات الصحيحة أثناء إجراء عمليّات التفتيش.

تحديد المستندات الحاكمة

كما هو موضّح في الشكل 4.2، استخدم القسم الفرعي "الغرض (Purpose)" لتحديد القوانين والالتزامات التنظيميّة وسياسات الشركة التي تتطلّب إجراءً مكتوباً.

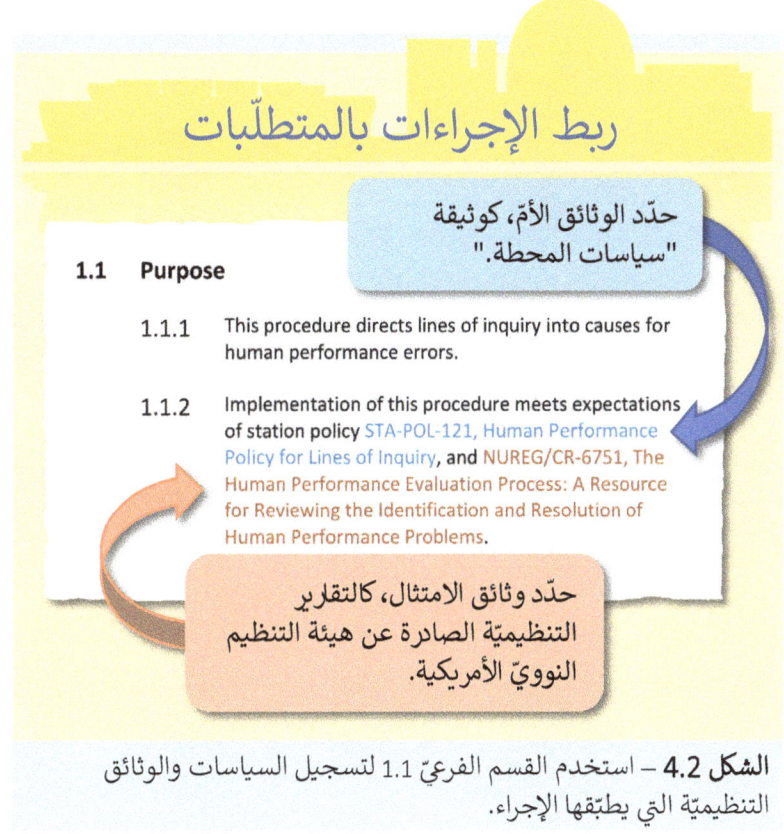

1.1 Purpose

الشكل 4.2 – استخدم القسم الفرعيّ 1.1 لتسجيل السياسات والوثائق التنظيميّة التي يطبّقها الإجراء.

صياغة بيان النّطاق (Scope)

يحدّد القسم الفرعي "النطاق" (Scope .1.2) الموظّفين والإدارات المشاركة في سير العمل المتعلّق بالإجراء، وعليه، يبدأ هذا القسم الفرعي بعبارة *"This procedure applies to..."*.

ضع في اعتبارك أيضاً أنّه، على قدر أهميّة تحديد من ينطبق عليهم الإجراء، من المهمّ في بعض الأحيان ذكر ما أو من لا يشمله الإجراء، على سبيل المثال:

"Instructions in this procedure apply to design changes and configuration control processes but NOT core design and accident analysis."

ما لا يجب فعله *(What NOT to Do)* عند كتابة القسم الأوّل *(1.0, Purpose and Scope)*

فيما يلي الأخطاء الكتابيّة الشائعة في صناعة الطاقة النوويّة، وهي أمثلة على ما لا يجب فعله *what NOT to do* عند صياغة قسم *Purpose and Scope*:

1. كتابة بيان الغرض *(Purpose)* بشكل غامض بحيث لا يكون القرّاء متأكّدين من اختيارهم للإجراء الصحيح.
2. وضع الكثير من التفاصيل في القسم الفرعيّ "الغرض" *(Purpose)* بحيث يكون شبيهاً بقسم المسؤوليات *(Responsibilities)* أو قسم التعليمات *(Instructions)*.
3. ذكر الإجراء كمفهوم غير مرتبط بأداء العمل.
4. المبالغة في الهدف من الإجراء.

فيما يلي وصف دقيق للأخطاء المذكورة آنفاً مع حلول للمساعدة على تجنّب ارتكابها:

	الخطأ الشائع في صناعة الطاقة النوويّة	الحلّ
1	كتابة بيان الغرض *(Purpose)* بشكل غامض بحيث لا يكون القراء متأكدين من اختيارهم للإجراء الصحيح.	اكتب بيانات غرض *(Purpose)* موجزة تلخّص وظيفة الإجراء.

إكتب بيان الغرض *(Purpose)* بشكلٍ محدّد. تجنّب عبارات كالتالية:

"This procedure provides instructions, information, and directions for the operation of Fire Safety Shutdown Systems."

حيث أنّ الكلمات instructions، information، وdirections تدلّ على نفس المعنى وتؤدّي إلى نفس العمل. لذلك، استخدم مصطلح واحد فقط، مثلاً:

"This procedure provides directions for the operation of the Fire Safety Shutdown Systems."

	الخطأ الشائع في صناعة الطاقة النوويّة	الحلّ
2	وضع الكثير من التفاصيل في القسم الفرعي "الغرض" *(Purpose)* بحيث يكون شبيهاً بقسم المسؤوليات *(Responsibilities)* أو قسم التعليمات *(Instructions)*.	اكتب بيان الغرض الذي يلخّص الوظيفة المراد أداءها فقط دون زيادة.

الفصل 4 بناء الغرض والنطاق (Purpose and Scope) في قسمين فرعيين

قد تُكتب بيانات الغرض (Purpose) مع إضافة للكثير من التفاصيل بحيث تبدو كتكرار لما هو مكتوب في قسم المسؤوليات (Responsibilities) وقسم التعليمات (Instructions) (كما هو موضّح في الشّكل 4.3). عادةً، يحصل التكرار غير الضروريّ عندما لا يفهم كاتبوا الإجراء، بسبب سوء التدريب، وظيفة كلّ قسم من أقسام نموذج الإجراء. فلمعظم الإجراءات، أربع أو خمس جمل تكفي لوصف الهدف منها بشكلٍ مناسب.

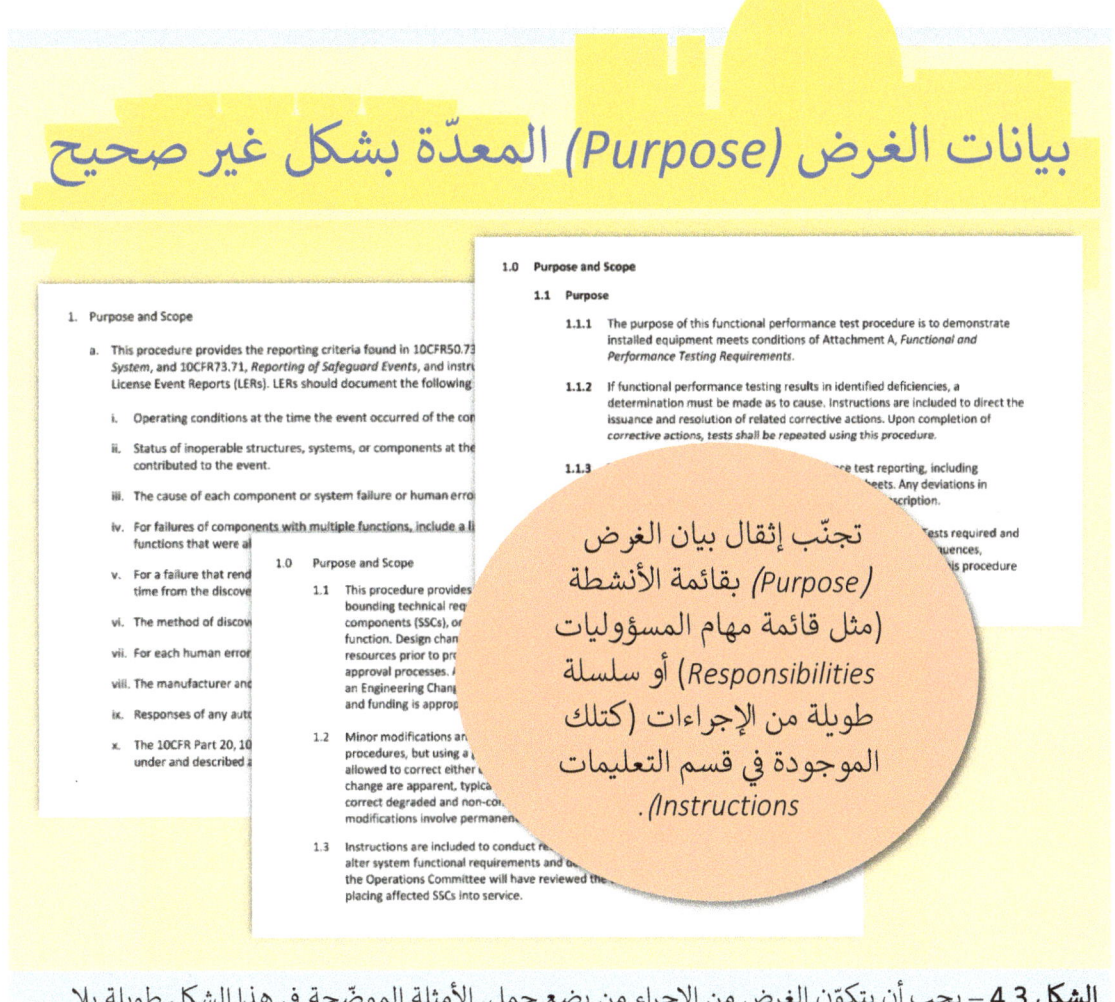

1.0 Purpose and Scope
1.1 Purpose
1. Purpose and Scope
1.0 Purpose and Scope

الشكل 4.3 – يجب أن يتكوّن الغرض من الإجراء من بضع جمل. الأمثلة الموضّحة في هذا الشكل طويلة بلا داعٍ.

	الخطأ الشائع في صناعة الطاقة النوويّة	الحلّ
3	ذكر الإجراء كمفهوم غير مرتبط بأداء العمل.	اكتب الإجراء للتحكّم بأداء العمل.

لا تذكر أنّ الإجراء يدلّ على شيء غير ذلك المصمّم لأجله، مثل:

1. تقديم التوجيه: إذا كنت بحاجة إلى مستند توجيهي، فاكتب دليلًا، وهو عبارة عن مجموعة من استراتيجيات الأعمال التي أثبتت جدواها والتي، على عكس الإجراءات الإجرائيّة، ليست إلزاميّة.
2. عرض الاقتراحات: الاقتراحات ليس لها علاقة بالامتثال للإجراءات.

3. إنشاء برنامج: الوظيفة الوحيدة للإجراء هي أداء العمل؛ إذا أراد المديرون استهلال البرامج، بإمكانهم إصدار خطط برامج.
4. تأكّد من (ensure) فهم التعليمات. فعل الأمر "to ensure" يعني الامتثال التام، وهو غير ممكن عند التعامل مع الفهم البشري. قد تأمل أن يفهم القرّاء تعليماتك، لكن لا يمكنك التأكد بنسبة 100٪ من ذلك.

أشجّع كاتبي الإجراءات على تقديم الإجراءات بالعبارة التالية
"The purpose of this procedure is to..."
يمكن إكمال هذه العبارة بمجموعة متنوّعة من الأهداف الملموسة، مثل:

"The purpose of this procedure is to...

- *...provide directions for conducting* (an activity)..."
- *...provide instructions to prepare for* (a process)..."
- *...fulfill requirements for implementing* (a method)..."

	الخطأ الشائع في صناعة الطاقة النوويّة	الحلّ
4	المبالغة في الهدف من الإجراء.	لخّص الأنشطة التي سينجزها الإجراء فقط.

على الرغم من أنّني حذّرت من كتابة بيانات الغرض (Purpose) بشكل غامض، إلا أنّ عدم المبالغة في كتابتها له نفس القدر من الأهميّة. إذا بدأنا الغرض (Purpose) من الإجراء باستخدام أفعال كالتالية لوصف الوظيفة منه:

"...preparing, planning, scheduling, conducting, evaluating, reviewing, and closing out the system walk down,"

فيجب أن تكون هناك تعليمات لكل نشاط من هذه الأنشطة الفردية. أظنّ أنّه لدى استخدام الأفعال في المثال السابق، والتي تدلّ على سرد للعديد من المهام الزائدة، كان كاتب الإجراءات يحاول أن يكون دقيقًا. ولكن لدى قيامه بذلك، بالغ في كتابة بيان الغرض. فبهذه الطريقة، يشير كاتب الإجراءات إلى أنّ الإجراء سينجز أكثر ممّا ينجز في الواقع.

فكّر مليّاً في الوظيفة من الإجراء ثمّ اكتب بيان الغرض (Purpose) دون إضافة أيّ زخرفات.

الفصل 5

كتابة التعريفات والمصطلحات المختصرة
(Definitions and Acronyms)

وظيفة القسم 2.0 :Definitions and Acronyms

التعريفات والمصطلحات المختصرة *(Definitions and Acronyms)* هو القسم الذي نسرد فيه قائمة المصطلحات الخاصة بالإجراء (من كلمات أو مصطلحات مختصرة).

هناك مهمّتان للقسم 2.0 التعريفات والمصطلحات المختصرة *(Definitions and Acronyms)*:

1. وصف المصطلحات المستخدمة في الإجراء.
2. وصف المصطلحات "الفريدة" للإجراء، أيّ الخاصة بإجراء معيّن دون غيره.

تسرد بعض الكتب الإرشاديّة للكتّاب التعريفات والمصطلحات المختصرة في قسم واحد، وباعتقادي، ما ينتج عن ذلك هو سرد غير منظّم ويؤدّي إلى عدم قدرة القرّاء على معرفة مكان المصطلحات. لذلك، فإنّني أوصي بفصل قسم التعريفات والمصطلحات المختصرة *(Definitions and Acronyms)* إلى قسمين فرعيين وبترتيب المحتوى ألفبائياً، كما هو موضّح في المثال التالي:

> **2.0 Definitions and Acronyms**
>   2.1 Definitions
>   2.1.1 Access Control – The control of entry or use to all or part of any physical, functional, or logical component of a critical digital asset (US NRC 2017)
>   2.1.2 Activation – The process of making a radioisotope by bombarding a stable element with neutrons or protons (US NRC 2017)
>   2.2 Acronyms
>   2.2.1 ALARA – As Low As Reasonably Achievable (OECD NEA, n.d.)
>   2.2.2 ASME – American Society of Mechanical Engineers (OECD NEA, n.d.)

لا يريد كاتبو الإجراء أن يُساء تفسير ما يكتبوه، وهنا تكمن أهميّة القسم الثاني 2.0. إذا لم يفهم العمّال معنى كلمة، بإمكانهم الرجوع إلى قسم التعريفات والمصطلحات المختصرة (Definitions and Acronyms) للتوضيح.

قد يبدو التركيز على معنى كلمة واحدة هدراً للوقت، ولكنّ صناعة الطاقة النوويّة تتطلّب من العمّال الاهتمام بالتفاصيل. أفاد معهد عمليات الطاقة النووية (Institute of Nuclear Power Operations)، في دليله المرجعي للأداء البشري لعام 2006 (2006 Human Performance Reference Manual)، أنّ "الخطأ هو عمل بشريّ ينحرف دون قصد عن السلوك المتوقّع. عادةً ما تحدّد الإدارة السلوك المتوقّع باستخدام الإجراءات" (INPO, 2006).

> *"Error is a human action that unintentionally departs from an expected behavior. Expected behavior is typically specified by management using procedures"* (INPO 2006).

يجب أن يكون القرّاء قادرين على فهم كلّ كلمة في الإجراء الذي كتبته.

تحديد المصطلحات "المستخدمة" وتلك "الفريدة"

كما هو مذكور سابقاً، يصف القسم 2.0 مصطلحات الإجراء "المستخدمة" وتلك "الفريدة". فما هو المقصود بهاتين التسميتين؟

المقصود بـ "مستخدمة" أنّ المصطلحات تظهر فعليّاً لدى كتابة الوثيقة. من المثير للدهشة عدد المرّات التي يعرّف فيها الإجراء كلمات لا تظهر في محتواه (مثلاً، إذا كنت بصدد تحرير إجراء مكوّن من 15 صفحة خمسة منها تحتوي على تعريفات، بإمكاني التنبّؤ بعدم ظهور معظم هذه المصطلحات في الإجراء المكتوب). لا تثقل الإجراء بأجزاء غير ضروريّة. تذكّر أنّنا نريد أن نوفّر للعمّال كلّ ما يحتاجونه للعمل بسلامة، ولكنّنا في نفس الوقت لا نريد أن نرهق القرّاء بمحتوى غير ضروريّ.

أمّا عن المقصود بمصطلح "فريد،" فهو مصطلح قد لا يكون معروفاً للعمّال إمّا لأنّه نادر الاستخدام أو لأنّ معناه يطبّق في نطاق ضيّق في صناعة الطاقة النوويّة.

إنظر إلى الأمثلة التالية لتوضيح المصطلحات التي يجب تضمينها في القسم 2.0 من نموذج الإجراء:

1. ***Biological Shield*** *– a mass of absorbing material (example, thick concrete walls) placed around a reactor or radioactive material to reduce the radiation (especially neutrons and gamma rays, respectively) to a level safe for humans (WNA, n.d.).*

هل يجب تعريف المصطلح في المثال السابق؟ الإجابة هي نعم، لأنّ المصطلح فريد لبعض العمّال. بشكل عام، فإنّ مصطلح *"biological shield"* مفهوم للعمّال إذا كانوا على دراية بعمليّات المصنع. لكن لن يفهم جميع العمّال، خاصّةً الذين عُيّنوا حديثاً، معناه... وبالتالي يجب تعريف هذا المصطلح.

2. ***Computer System*** *– an electronic device that processes, retrieves, and stores programmed information or data (US NRC 2017).*

هل يجب تعريف المصطلح السابق؟ الإجابة هي لا، لأنّ الحاسوب من المعدّات العاديّة في مكان العمل. لكن إذا كان هناك نوع من أجهزة الحاسوب مستخدم حصراً لتطبيق محدّد وفريد، قد يتطلّب ذلك وصفاً للجهاز.

3. ***Repair*** *– the process of restoring a nonconforming characteristic to a condition such that the capability of an item to function reliably and safely is unimpaired, even though that item still does not conform to the original requirement (ASME 1989).*

هل يجب تعريف المصطلح السابق؟ الإجابة هي نعم، لأنّ مصطلح *"repair"* له تعريف محدّد في مجال صناعة الطاقة النوويّة حتى لو بدا معنى كلمة "*repair*" بديهيّاً.

سرد المصطلحات المختصرة

تُستخدم المصطلحات المختصرة الإنجليزيّة بشكل متكرّر في صناعة الطاقة النوويّة. نشرت وكالة الطاقة النوويّة، وهي منظّمة دوليّة حكوميّة مقرّها باريس، قائمة تضمّ 400 مصطلح مختصر (OECD NEA, n.d.). ليس من المستغرب شعور الموظّفين الجدد والعمّال ذوي الخبرة بالحيرة بسبب المصطلحات المختصرة العديدة التي يجب عليهم تعلّمها.

تتعدّد طرق سرد المصطلحات المختصرة. فبينما تسرد بعض محطّات الطاقة النوويّة المصطلحات المختصرة والكلمات معاً في قائمة واحدة، تقسّم محطّات أخرى المصطلحات إلى قسمين فرعيّين: القسم الفرعيّ 2.1 للكلمات والقسم الفرعيّ 2.2 للمصطلحات مختصرة. أرى أنّ تقسيم المصطلحات إلى قسمين فرعيين يحسّن من إمكانيّة القراءة بحيث يصبح أسهل على العامل تحديد المصطلح اللازم.

تعتمد بعض محطّات الطاقة النوويّة نهج عدم تعريف المصطلحات المختصرة في متون أقسام الإجراء، مثلاً في حال استخدامها في قسم التعليمات (*Instructions*) أو المرفقات (*Attachments*). يتعيّن على العمّال في هذه الحالة اللّجوء إلى القسم الثاني 2.0 لمعرفة معنى المصطلح المختصر.

أرى أنّ هذا النهج لا يخدم القارئ، فلا ضرر من تعريف المصطلح المختصر مرّتين: مرّة في قسم التعريفات والمصطلحات المختصرة (*Definitions and Acronyms*) ومرّة في متن الإجراء لدى استخدام المصطلح المختصر أوّل مرّة. بالإضافة إلى ذلك، من المفيد تعريف المصطلح المختصر بشكل متكرّر عندما يكون الإجراء طويلاً أو معقّداً تقنيّاً.

الرّجوع إلى مسارد المحطّة

تصدر بعض محطّات الطاقة النوويّة مسارد تحتوي على مئات التعريفات، وهذه الأخيرة توفّر خدمة أساسيّة كونها تشكّل مستودعاً للتعريفات تمكّن كاتبي الإجراءات من الرجوع إليه عند صياغتهم الإجراء. يمكن أن يتأكّد كاتبو الإجراءات من أنّ التعريفات التي يأخذونها من مسارد المحطة متّسقة مع التعريفات الواردة في الإجراءات الأخرى.

مع ذلك، هناك جانب سلبي لاستخدام مسارد المحطة. فكثير من كاتبي الإجراءات لا يضيفوا قسم التعريفات والمصطلحات المختصرة عند استعانتهم بمسارد المحطّة.

في هذه الحالة، يبقى القسم 2.0 خالياً مع احتواء الإجراء على تعليمات للعمّال بالرّجوع إلى مسرد المحطّة. ونتيجة لذلك، يجب على العمّال ترك الإجراء جانباً والبحث في مسرد المحطّة عندما يريدون معرفة معنى مصطلح، ممّا يخلق احتمال حدوث خطأ في الأداء البشري لأنّ العمّال قد لا يعودون إلى المكان الصحيح في الإجراء (الذي وصلوا إليه قبل تركه جانباً).

من الأفضل إصدار مسارد المحطة والاحتفاظ بالقسم 2.0 في النموذج. من المهمّ إضافة كلّ المواد اللازمة لأداء الوظيفة من الإجراء، بما في ذلك قسم تعريفات المصطلحات والمصطلحات المختصرة.

تعتبر مسارد المحطة أيضاً مصادر جيّدة لتوثيق أصل التعريفات. من المهمّ توثيق أصول التعريفات التي تشكّل أساس المفهوم، سواء في الإجراء أو في مسرد المحطة. بهذه الطريقة، يمكن للكتّاب التحقّق من أصل التعريف إذا تمّ تحريفه أو تغييره.

ما لا يجب فعله (*What NOT to Do*) عند كتابة القسم 2.0 (*Definitions and Acronyms*)

فيما يلي الأخطاء الكتابيّة الشائعة في صناعة الطاقة النوويّة، وهي أمثلة على ما لا يجب فعله *what NOT to do* عند صياغة قسم التعريفات والمصطلحات المختصرة (*Definitions and Acronyms*):

1. تعريف مصطلحات لا تظهر في الإجراء.
2. كتابة تعريف يتناقض مع تعريف آخر للمصطلح نفسه موجود في إجراء آخر.
3. صياغة التعريفات بطريقة تشبه كتابة خطوات العمل.
4. تلفيق تعريفات، بمعنى تركيب تعريفات دون الرجوع إلى مصادر.
5. سرد المصطلحات بترتيب عشوائيّ.
6. استخدام الفواصل العليا *(apostrophes)* للإشارة إلى صيغة الجمع في مصطلحات مختصرة باللّغة الإنجليزيّة.

فيما يلي وصف دقيق للأخطاء المذكورة آنفاً مع حلول للمساعدة على تجنّب ارتكابها:

	الخطأ الشائع في صناعة الطاقة النوويّة	الحلّ
1	تعريف مصطلحات لا تظهر في الإجراء.	تجنّب الالتباس وإهدار الوقت الناجم عن إثقال القسم 2.0 بتعريفات لمصطلحات غير مستخدمة فعليّاً في الإجراء.

ما الهدف من تعريف مصطلحات ومصطلحات مختصرة غير ذي صلة؟ رأيت ذلك مرّات عديدة دون معرفة السبب وراء ذلك. ككاتب إجراء، يجب عليك تعريف المصطلحات "الفريدة" وتلك "المستخدمة" في الإجراء.

	الخطأ الشائع في صناعة الطاقة النوويّة	الحلّ
2	كتابة تعريف يتناقض مع تعريف آخر للمصطلح نفسه موجود في إجراء آخر.	تحقّق من المصادر الأخرى (الإجراءات ذات الصلة أو مسرد المحطة) للتأكّد من أنّ وصفك لا يتعارض مع التعريفات المحدّدة مسبقًا.

قبل سنوات، عملت في مشروع لمراجعة إجراءات قسم الإطفاء في محطة الطاقة النوويّة الأمريكيّة. خلال هذه المهمة، حدّدت التناقضات بين التعريفات والمختصرات. في كثير من الأحيان، وُصِفت نفس المصطلحات بطرق مختلفة.

مثلاً، كان قسم الإطفاء قد نشر ثلاثة إجراءات مختلفة وفي كلٍّ منها تعريف مختلف لمصطلح *"Fire Watch"*، نسردهم فيما يلي:

1. *"The assignment of personnel to monitor strategic locations where fire-suppression systems are impaired for more than four hours in a shift."*
2. *"The continuous patrolling of station buildings (affected by an event) to look for evidence of residual smoke, fire, or other abnormal conditions."*
3. *"The posting of personnel during hot work such as welding or during work occurring near combustible materials and coatings."*

كلّ التعريفات السابقة صحيحة لكن متناقضة، وسبب هذا التناقض هو اختلاف التعريف داخل كلّ إجراء. لمعالجة هذه الازدواجيّة المربكة، عملت، مع إدارة قسم الإطفاء، على اختيار التعريفات المنشورة من قبل إدارة الحرائق الأمريكيّة (*US Fire Administration*)، واعتُمدت هذه التعريفات المحدّدة بشكل ثابت في جميع وثائق قسم الإطفاء.

الحلّ	الخطأ الشائع في صناعة الطاقة النوويّة	
التعريف هو بيان يصف معنى المصطلح، ولا يوجّه للقيام بعمل.	صياغة التعريفات بطريقة تشبه كتابة خطوات العمل.	3

يصف التعريف معنى المصطلح. لا تضف تعليمات أو توجيهات في التعريف. وذلك موضّح في الشكل 5.1.

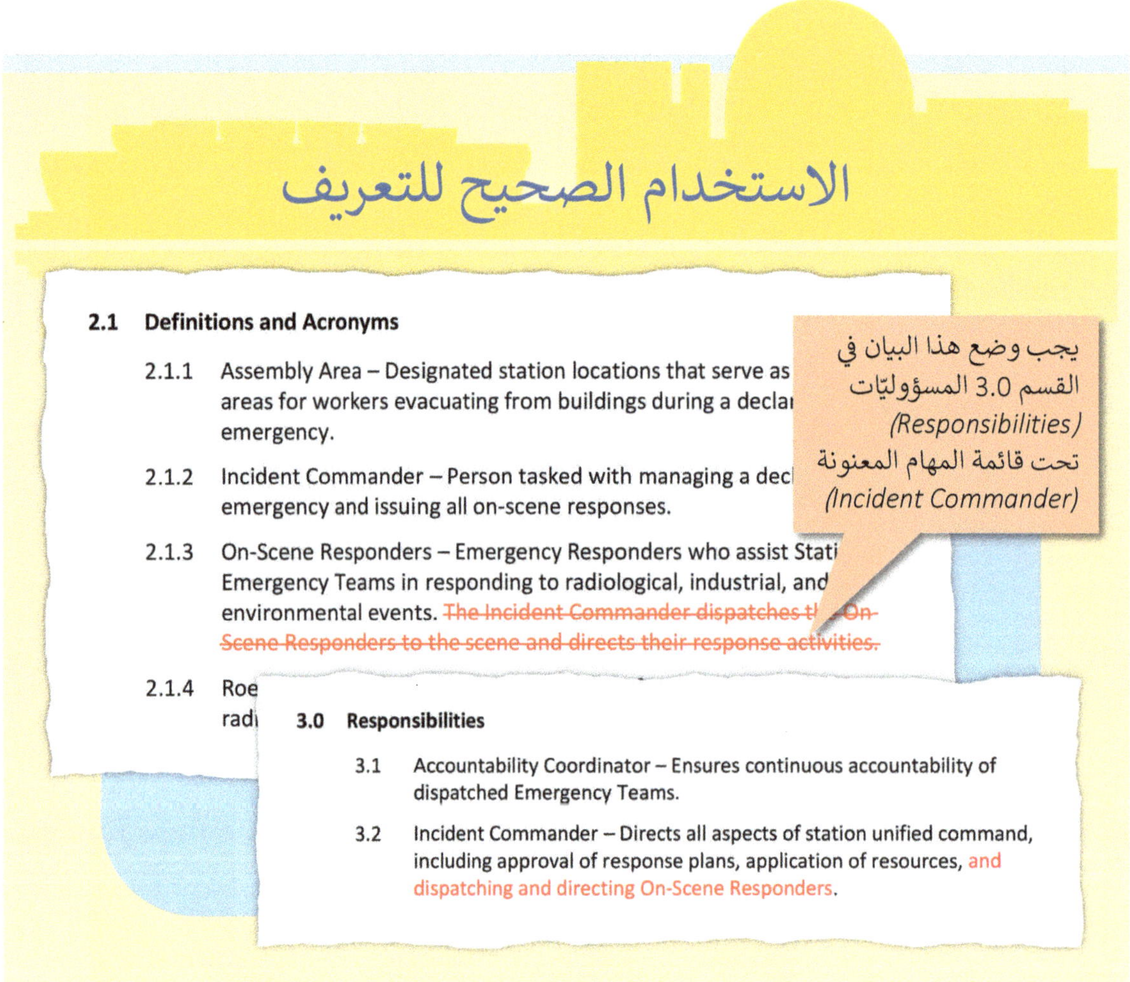

الاستخدام الصحيح للتعريف

2.1 Definitions and Acronyms

2.1.1 Assembly Area – Designated station locations that serve as areas for workers evacuating from buildings during a decla... emergency.

2.1.2 Incident Commander – Person tasked with managing a dec... emergency and issuing all on-scene responses.

2.1.3 On-Scene Responders – Emergency Responders who assist Stati... Emergency Teams in responding to radiological, industrial, and environmental events. ~~The Incident Commander dispatches th... Scene Responders to the scene and directs their response activities.~~

2.1.4 Roe... radi...

يجب وضع هذا البيان في القسم 3.0 المسؤوليّات (*Responsibilities*) تحت قائمة المهام المعنونة (*Incident Commander*)

3.0 Responsibilities

3.1 Accountability Coordinator – Ensures continuous accountability of dispatched Emergency Teams.

3.2 Incident Commander – Directs all aspects of station unified command, including approval of response plans, application of resources, and dispatching and directing On-Scene Responders.

الشكل 5.1 – تساعد التعريفات العمّال على فهم معنى المصطلحات، على عكس التعليمات التي لا تكون موجودة في التعريف.

	الخطأ الشائع في صناعة الطاقة النوويّة	الحلّ
4	تلفيق تعريفات، بمعنى تركيب تعريفات دون الرجوع إلى مصادر.	الرجوع إلى مصادر منشورة معتمدة للتعريفات.

يجب أن تؤخذ التعريفات من مصادر معتمدة، لا أن تكون من محض خيال كاتب الإجراء. عند الحاجة إلى وصف، تحقّق من المواصفات الفنية للمحطة *(Technical Specifications)* أو مسرد مصطلحات المحطة. بالإضافة إلى ذلك، تقدّم العديد من المنشورات المعتمدة تعريفات يمكنك تضمينها في إجراءاتك.

في الولايات المتحّدة الأمريكيّة، تتوفّر مسارد المصطلحات في المنشورات التالية:

- *US Nuclear Regulatory Commission's Online Library (US NRC, n.d.)*
- *Institute of Nuclear Power Operations' Technical Writing & Document Standards Manual (INPO 2008)*
- *American Nuclear Society's Glossary of Definitions and Terminology (ANS 2016)*
- *Federal Energy Regulatory Commission's Glossary and Acronyms (FERC, n.d.)*

للمشاريع العالميّة، يمكن أخذ التعريفات من المصادر التالية:

- *World Nuclear Association's Online Nuclear Glossary (WNA, n.d.)*
- *International Atomic Energy Agency's Safety Glossary, Terminology Used in Nuclear Safety and Radiation Protection (IAEA 2019)*
- *European Nuclear Society's Online Nuclear Glossary (ENS, n.d.)*

بالإضافة إلى ذلك، تصدر العديد من الدول دليل خاص بها مثل مسرد مصطلحات اللجنة الكندية للأمن النووي:

- *Glossary of Canadian Nuclear Security Commission Terminology (CNSC 2018)*

إذا كان الإجراء يحتوي على مصطلح له تطبيق محدّد في محطة الطاقة النووية التي تعمل بها دون وجود تعريف له، من المقبول وضع تعريف لهذا المصطلح لكن ضمن منهجيّة محدّدة كالاجتماع مع ممثّلين عن السلامة وضمان الجودة والإدارة وأي تخصّصات ذات صلة لتقييم التعريف المُقترح. بعد الموافقة على التعريف الذي تمّ وضعه، قُم بإجراءات الموافقة على استخدامه مع قسم إجراءات المحطّة.

	الخطأ الشائع في صناعة الطاقة النوويّة	الحلّ
5	سرد المصطلحات بترتيب عشوائيّ.	رتّب المصطلحات والمصطلحات المختصرة ترتيباً ألفبائيّاً.

عند تحريري لمسودّات الإجراء، غالباً ما أرى المصطلحات مكتوبة دون تنظيم. يجب التحقّق من تنظيم المصطلحات قبل نشر الإجراء بمساعدة المراجعين الأقران. بإمكان المراجعين الأقران التحقّق من أنّ التعريفات والمصطلحات المختصرة مرتّبة ألفبائيّاً.

	الخطأ الشائع في صناعة الطاقة النوويّة	الحلّ
6	استخدام الفواصل العليا *(apostrophes)* للإشارة إلى صيغة الجمع في مصطلحات مختصرة باللّغة الإنجليزيّة.	لا تستخدم الفواصل العليا للإشارة إلى صيغة الجمع لمصطلح باللّغة الإنجليزيّة.

يُساء استخدام هذه القاعدة الأساسية لقواعد اللّغة الإنجليزية باستمرار. عند الكتابة باللّغة الإنجليزية، لا تستخدم الفواصل العليا للإشارة إلى صيغة الجمع للمصطلحات مختصرة.

المصطلح المختصر Radiation Control Area هو RCA:

"The RCA is cleaned at the end of every shift."

جمع RCA هو RCAs:

"All RCAs are cleaned at the end of every shift."

تشير RCA's إلى صيغة الملكيّة ل RCA:

"The HP Technician will ensure the RCA's doors are operational."

الفصل 6

وصف مسؤوليّات العامل *(Responsibilities)*

وظيفة القسم 3.0 *(Responsibilities)*

في القسم 3.0، يحدّد كاتب الإجراء العمّال الذين ينفّذون تعليمات الإجراء. من المهمّ أن يعرف كلّ من يشارك في تنفيذ الإجراء (من مدراء، مدرّبين، زملاء، مفتّشين وموظّفي السلامة والأمن) من سيقوم بالعمل قبل التنفيذ.

يمكن أن تكون عواقب سوء تحديد الأدوار والمسؤوليات وخيمة. شوهد ذلك خلال حادث 2011 في محطّة فوكوشيما دايتشي. فعندما وصل مسعفو للطوارئ خارج الموقع إلى محطّة الطاقة النووية لتقديم الدعم، تداخلت مسؤوليّاتهم مع أدوار المسعفين داخل الموقع. ولم يتضّح من لديه السلطة للسيطرة على الاستجابة لحالات الطوارئ. وأفادت الوكالة الدولية للطاقة الذريّة في وقت لاحق أن الارتباك حول المسؤوليّات أدّى إلى الإحباط وسوء التواصل وهدر الوقت (الوكالة الدوليّة للطاقة الذريّة، IAEA، 2015).

للقسم 3.0 المسؤوليّات *(Responsibilities)* وظيفتان:

1. تحديد العمّال المسؤولين عن تنفيذ الإجراء.
2. تلخيص المهامّ الموكّلة لهؤلاء العمّال.

يمكنك معرفة ما إذا كان قسم المسؤوليّات *(Responsibilities)* مكتوباً بشكلٍ جيّد عن طريق التحقّق من طوله. ويجب ألا يزيد طول قوائم المهامّ الفرديّة عن نصف صفحة؛ ونادرًا ما تتطلّب مسؤوليّات العامل أكثر من صفحة واحدة إلّا في حال كانت عمليّة الإجراء طويلة أو معقّدة.

Cat Stephenson

يظهر الشكل 6.1 قوائم مهامّ المسؤولية عند كتابتها بشكلٍ صحيح وبشكلٍ خاطئ:

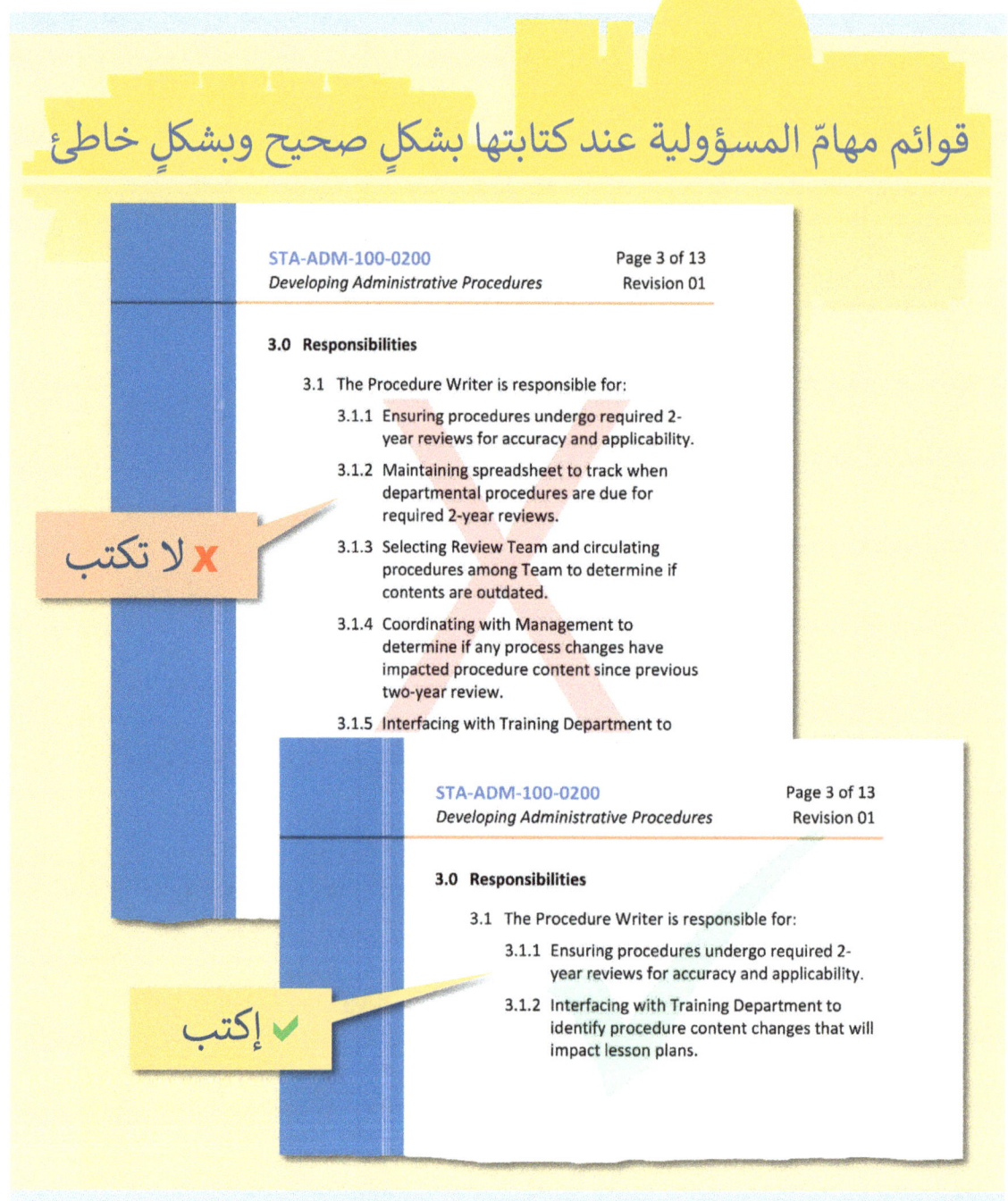

الشكل 6.1 – قائمة المهام في المثال الأوّل (لا تكتب) مفصّلة بشكلٍ مبالغ به، حيث أنّ الأنشطة المحدّدة كتلك المذكورة في المثال الأوّل يجب ذكرها في القسم 4.0 التعليمات *(instructions)* . أمّا قائمة المهام في المثال الثاني (إكتب) مكتوبة بشكلٍ صحيح، حيث كُتبت كتعميمات لمسؤوليّات كاتب الإجراء.

يجب كتابة قوائم مهام المسؤولية كبيانات موجزة مكتوبة بأسلوب موحّد. تختلف قائمة المهام التالية من بيان إلى آخر. لاحظ أنماط الكتابة المختلفة باللغة الإنجليزيّة لدى كتابة الأفعال في المثال الآتي:

الفصل 6 ✦ وصف مسؤليّات العامل *(Responsibilities)*

3.0 Responsibilities

    3.1 The Supervisor is responsible for:

        3.1.1 **Checking** drawings for accuracy.

        3.1.2 **Will verify** Team has proper PPE.

        3.1.3 **Delivers** pre-job briefings prior to performing electrical inspections.

        3.1.4 **Should be involved** in ensuring accuracy of instrumentation set points and tolerances.

        3.1.5 **Assists** in resolving technical comments with Regulatory Affairs Department in preparation of docketed correspondence.

في المثال التالي، كُتبت نفس قائمة المهام بأسلوب موحّد. حيث استُخدم الفعل المضارع مع إضافة "*-ing*" لصياغة المصدر. ففي اللّغة الإنجليزيّة، صياغة المصدر بإضافة "*-ing*" إلى الفعل المضارع (مثل *verifying* و *checking*) تسهّل من قراءة وفهم قائمة المهام.

3.0 Responsibilities

    3.1 The Supervisor is responsible for:

        3.1.1 **Checking** drawings for accuracy.

        3.1.2 **Verifying** Team has proper PPE.

        3.1.3 **Delivering** pre-job briefings prior to performing electrical inspections.

        3.1.4 **Ensuring** accuracy of instrumentation set points and tolerances.

        3.1.5 **Resolving** technical comments with Regulatory Affairs Department in preparation of docketed correspondence.

تعطي الوثائق المكتوبة بأسلوب موحّد ثقة للعمّال لدى اتبّاعها، فمن المهمّ للعمّال أن يكونوا قادرين على اختيار إجراء، ومراجعة قسم المسؤوليات *(Responsibilities)*، وتحديد من يقوم بالمهام بسهولة.

ما لا يجب فعله *(What NOT to Do)* عند كتابة قسم 3.0 المسؤوليات *(Responsibilities)*

فيما يلي الأخطاء الكتابيّة الشائعة في صناعة الطاقة النوويّة، وهي أمثلة على ما لا يجب فعله *(what NOT to do)* عند صياغة قسم المسؤوليات *(Responsibilities)*:

1. عدم إدراج المسميّات الوظيفيّة بالترتيب.
2. العمل على قوائم المهام في القسم 3.0 بدلاً من خطوات العمل في القسم 4.0.
3. كتابة المسؤوليّات كما لو كانت فهرس لمجموعة المهارات الكاملة للعامل، مثل السيرة الذاتية.
4. إغفال عامل لديه مهام إجرائيّة.
5. استخدام مسميّات وظيفيّة غير صحيحة.

فيما يلي وصف دقيق للأخطاء المذكورة آنفاً مع حلول للمساعدة على تجنّب ارتكابها.

	الخطأ الشائع في صناعة الطاقة النوويّة	الحلّ
1	عدم إدراج المسميّات الوظيفيّة بالترتيب.	سرد المسميّات الوظيفيّة بالترتيب الألفبائي.

يختلف ترتيب المسميّات الوظيفيّة في صناعة الطاقة النوويّة. فبعض المحطات تسردها بترتيب ألفبائي، بينما ترتّبها أخرى وفقاً لتسلسل الرّتب الوظيفيّة مع وضع الرتب التنفيذية أولاً. هذه الطريقة الأخيرة تخدم الغرور الإداري بدلاً من التطبيق العمليّ للعامل.

لذلك، أنصح بترتيب المسميّات الوظيفيّة ألفبائيّاً، ممّا يتيح تحديد مسؤوليات العامل بسهولة.

	الخطأ الشائع في صناعة الطاقة النوويّة	الحلّ
2	العمل على قوائم المهام في القسم 3.0 بدلاً من خطوات العمل في القسم 4.0.	قم بإعداد قوائم مهام القسم 3.0 بتنسيقٍ معياريّ لا يشبه خطوات العمل في القسم 4.0.

تنتج الثغرات الأمنيّة عندما تكون قوائم المهام طويلة جدًا أو تحتوي على الكثير من التفاصيل (الشكل 6.2). يمكن للعمّال عديمي الخبرة الاعتقاد خطأً أنه من المتوقّع منهم أن يؤدّوا العمل باتّباع النص الوارد في القسم 3.0. أيضاً، قد يقوم العمّال عديمي الخبرة بالتبديل ذهابًا وإيابًا بين القسمين 3.0 و 4.0 نتيجةً لارتباكهم، وربّما يغفلون بعض الخطوات أو يقومون بتنفيذ خطوات خارج الترتيب.

الفصل 6 ❖ وصف مسؤوليّات العامل (Responsibilities)

الشكل 6.2 – تلخّص قوائم المسؤوليّات مهام العمّال. عند كتابة قائمة المسؤوليّات: (1) لا تأمر بإجراء و (2) إحذف المعلومات التفصيليّة. (تصوير كيلي لاسي)

	الخطأ الشائع في صناعة الطاقة النوويّة	الحلّ
3	كتابة المسؤوليّات كما لو كانت فهرس لمجموعة المهارات الكاملة للعامل، مثل السيرة الذاتية.	قم بتلخيص المهامّ التي سيؤدّيها العامل فقط لا غير.

يجب أن يسرد القسم 3.0 مسؤوليّات العامل للوظيفة التي يؤدّيها <u>فقط</u>. لا يجب أن تُقرأ قوائم المهام والمسؤوليّات كسيرة ذاتية تصف جميع القدرات المهنيّة للعامل.

	الخطأ الشائع في صناعة الطاقة النوويّة	الحلّ
4	إغفال عامل لديه مهام إجرائيّة.	إكتب القسم 4.0 قبل كتابة القسم 3.0.

كثيرًا ما أكتشف أن بعض العمّال لا يتمّ ذكرهم في القسم 3.0 على الرّغم من تعيين مسؤوليّات إجرائيّة لهم. ولتجنّب هذا الخطأ الشائع في صناعة الطاقة النوويّة: 1) اكتب أوّلاً القسم 4.0 التعليمات (Instructions) ؛ 2) ثمّ إكتب قائمة مع تحديد كلّ عامل مكلّف بعمل؛ و3) عند كتابة قسم المسؤوليات (Responsibilities)، تحقّق من قائمتك لضمان عدم إغفال أيّ عامل.

	الخطأ الشائع في صناعة الطاقة النوويّة	الحلّ
5	استخدام مسميّات وظيفيّة غير صحيحة.	تأكّد من صحّة المسميّات الوظيفيّة.

عند ذكر الموظّفين في القسم 3.0، تحقّق من مسمّياتهم الوظيفيّة. تجنّب الاعتماد على الإجراءات المكتوبة الأخرى كمرجع للمسمّيات الوظيفيّة لأنّها قد تكون غير دقيقة.

مثلاً، قد تعتقد أنّ المسمّى الوظيفي لأحمد، زميلك في العمل والذي يعمل منذ عشرين عاماً في قسم ضمان الجودة، هو "قائد فريق ضمان الجودة *(QA Lead)*" وأنّ هذا هو المسمّى الوظيفي الدقيق لمسوّدة الإجراء التي تكتبها. ولكنّ ذلك ليس صحيحاً بالضرورة. فهناك تسميات عديدة غير دقيقة ولا تعبّر عن المسمّى الوظيفي الفعلي لأحمد، كمفتّش الجودة *(Quality Inspector)*، مقيّم ضمان الجودة *(Quality Assurance Assessor)*، قائد برنامج ضمان الجودة *(QA Program Lead)*، مشرف ضمان الجودة *(Quality Assurance Supervisor)*، وقائد رقابة الجودة *(Quality Control Lead)*. للتأكّد من الاستخدام الصحيح، إبحث عن المسمّى الوظيفي الدقيق في مصادر موثوقة. تحدّث مع الموظّفين الإداريين في القسم الذي يعمل به أحمد ومع قسم الموارد البشريّة حيث تُحفظ سجلّات الموظّفين. وقد تكتشف أنّ المسمّى الوظيفيّ لأحمد هو "مسؤول ضمان الجودة *(Lead Quality Assurance Assessor)*." ربّما كان أحمد يطلق على نفسه لقب "قائد فريق ضمان الجودة *(QA Lead)*" لسنوات عديدة لدرجة أنّه نسي المسمّى الرسمي لوظيفته!

عند التأكّد من المسمّى الوظيفي الصحيح، تأكّد من استخدامه باستمرار في الإجراء بحيث لا تكتب "مقيّم ضمان الجودة *(Quality Assurance Assessor)*" في الخطوة 4.2.1، ثمّ تعود لتكتب "قائد فريق ضمان الجودة *(QA Lead)*" في الخطوة 4.2.6.

من حينٍ لآخر، يُعيّن عامل لمشاريع متعددة. في مثل هذه الحالات، قد يُمنح العامل مسمّى وظيفي مختلف لكلّ مهمة. على سبيل المثال، قد يعمل مدير الترخيص *(Director of Licensing)* أيضًا كقائد لفريق العمل الخاص بتقدير الإنفاذ في المحطة *(Enforcement Discretion Task Force)*. تشير إجراءات إدارة الترخيص إلى هذا الشخص باسم "مدير الترخيص *(Director of Licensing)*،" لكن إجراءات فريق العمل ستستخدم العنوان "رئيس فريق العمل لتقدير الإنفاذ، *(Head Enforcement Discretion Task Force)*،" فتُطلق ألقاب مختلفة على نفس الشخص.

الفصل 7

صياغة تعليمات (Instructions) عمليّة

وظيفة القسم 4.0 التعليمات (Instructions)

القسم 4.0 هو أهمّ جزء في الإجراء الذي تكتبه، وذلك لأنّه القسم الذي يتمّ من خلاله تنفيذ الإجراء عمليّاً (الشكل 7.1).

هناك ثلاث وظائف للقسم 4.0 التعليمات (Instructions):

1. توجيه العمّال خلال أداء دقيق وآمن للإجراء.

2. تنظيم وأداء المهامّ بترتيب منطقي.

3. تحديد المواضيع المختلفة لأقسام الإجراء الأخرى، كقسم الغرض والنطاق (Purpose & Scope)، قسم التعريفات (Definitions)، قسم المسؤوليّات (Responsibilities)، قسم السجلّات (Records)، قسم المراجع (References)، وقسم المرفقات (Attachments).

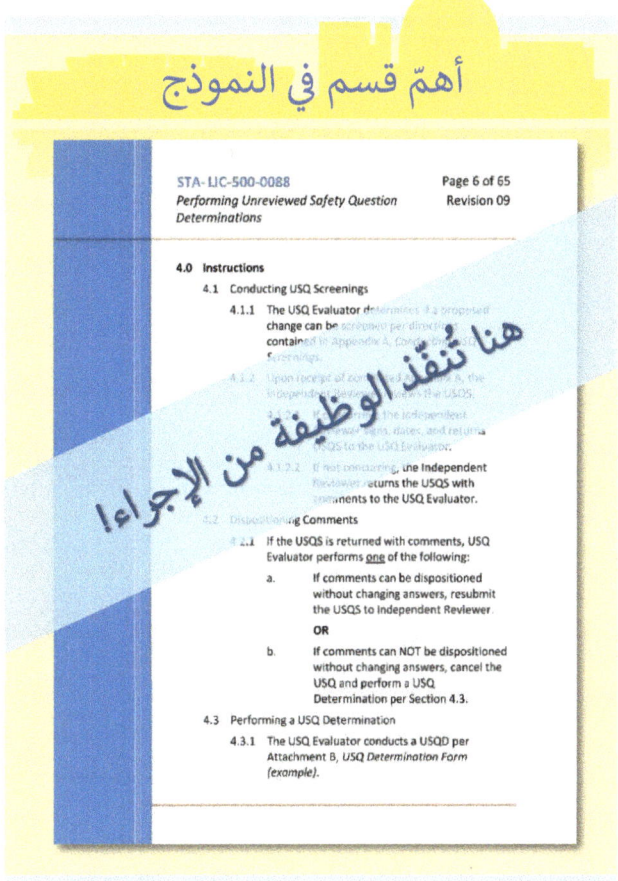

الشكل 7.1 – يجب الانتباه عند صياغة القسم 4.0: التعليمات (Instructions)، لأنّه القسم الذي يُنفّذ فيه الغرض من الإجراء.

عندما يقدّم الموظفون المُعيّنون حديثًا تقريراً عن التدريب التمهيديّ، فإنّ أحد الدروس الأولى التي يتمّ تدريسها لهم هو اتّباع الإجراءات تمامًا كما هي مكتوبة. يُنظر إلى عدم الامتثال الإجرائي على نحوٍ خطير في صناعة الطاقة النووية. وقد أوقفت محطّات عن العمل بصورة مؤقّتة وفُصل عمّال بسبب عدم الامتثال الإجرائي.

ذلك لا يعني أنّه من المتوقع أن يتّبع العمّال التعليمات بشكلٍ أعمى؛ يُدرّب العمّال على تنفيذ خيارات عندما تكون لديهم مخاوف بشأن الأخطاء أو المعلومات المضلّلة التي تمنعهم من تنفيذ الإجراءات، فبإمكانهم في هذه الحالة وضع المعدّات بشكلٍ آمن والتوقّف عن العمل، ثمّ إخطار مديريهم بمخاوفهم. إذا كانت المشكلات التي تمّ الإبلاغ عنها بسيطة، بإمكان المدير الموافقة على التصحيحات المكتوبة بخطّ اليد مباشرةً على الإجراء. كما قد يستمرّ العمل مع هذه التصحيحات المكتوبة بخط اليد. (في الوقت نفسه، سيُسلّم نفس المستند مع التصحيحات المكتوبة بخط اليد إلى قسم الإجراءات. وسيقوم قسم الإجراءات بتصحيح الإجراء وإصدار مراجعة جديدة.)

إنّ أفضل استراتيجية لتجنّب المشاكل وتجنّب وقف العمل هي صياغة إجراء متماسك يقوم على قواعد مثبّتة لكتابة الإجراءات.

كتابة التعليمات *(Instructions)* أوّلاً

كما ذكرت سابقًا، فإن استراتيجيتي لكتابة الإجراءات هي البدء في صياغة قسم التعليمات *(Instructions)* أوّلاً. وتُنتج جميع المعلومات المطلوبة لأقسام النموذج الأخرى عند صياغة التعليمات:

القسم 1.0 الغرض والنّطاق *(Purpose and Scope)*: تصف التعليمات *(Instructions)* سير العمل. وعند تلخيص سير العمل، فإنّك تصيغ بيان الغرض *(Purpose)*. يتمّ تحديد أيّ قيود على سير العمل في التعليمات *(Instructions)*، وستظهر هذه القيود في نطاق الإجراء *(Scope)*.

القسم 2.0 التعريفات والاختزالات *(Definitions and Acronyms)*: توصف المصطلحات "الفريدة" وتلك "غير الاعتياديّة،" والمُستخدمة في قسم التعليمات، في قسم التعريفات والاختزالات *(Definitions and Acronyms)*.

القسم 3.0 المسؤوليّات *(Responsibilities)*: ينفّذ الموّظفون الإجراءات في قسم التعليمات *(Instructions)*، حدّد هؤلاء العمّال في قسم المسؤوليّات *(Responsibilities)*.

القسم 5.0 المراجع *(References)*: يوجّه قسم التعليمات *(Instructions)* العمّال لمراجعة وثائق أخرى في حال الحاجة إليها لأداء الإجراء. إسرد هذه الوثائق في قسم المراجع *(References)*.

القسم 6.0 السجلّات *(Records)*: يجب أن تتضمن التعليمات *(Instructions)* توجيهات لاستكمال وحفظ أيّ مستندات عمل ذات صلة. تُذكر هذه المستندات في قسم السجلّات *(Records)*.

القسم 7.0 المرفقات *(Attachments)*: يجب أن تظهر إرشادات استخدام المواد التكميليّة في التعليمات. تظهر المواد التكميليّة في القسم 7.0 كمرفقات *(Attachments)*.

الفصل 7 ← صياغة تعليمات (Instructions) عمليّة

صياغة خطوات العمل

يجب أن تحتوي خطوات العمل على جميع المعلومات اللازمة لأدائها بأمان بنفس الطريقة وإنهائها بنفس النتائج في كلّ مرة يتم تنفيذها، بغضّ النظر عن الشخص الذي يقوم بها. (مثل المانترا،[2] سيتكرّر هذا الهدف من كتابة الإجراء عدّة مرات خلال هذا الكتاب).

إذا احترق الإجراء الخاص بك ولم يبق منه سوى قطعة صغيرة واحدة من الورق تحتوي على خطوة عمل واحدة، يجب أن يكون العامل قادرًا على أداء هذا العمل بنجاح (الرسم 7.2).

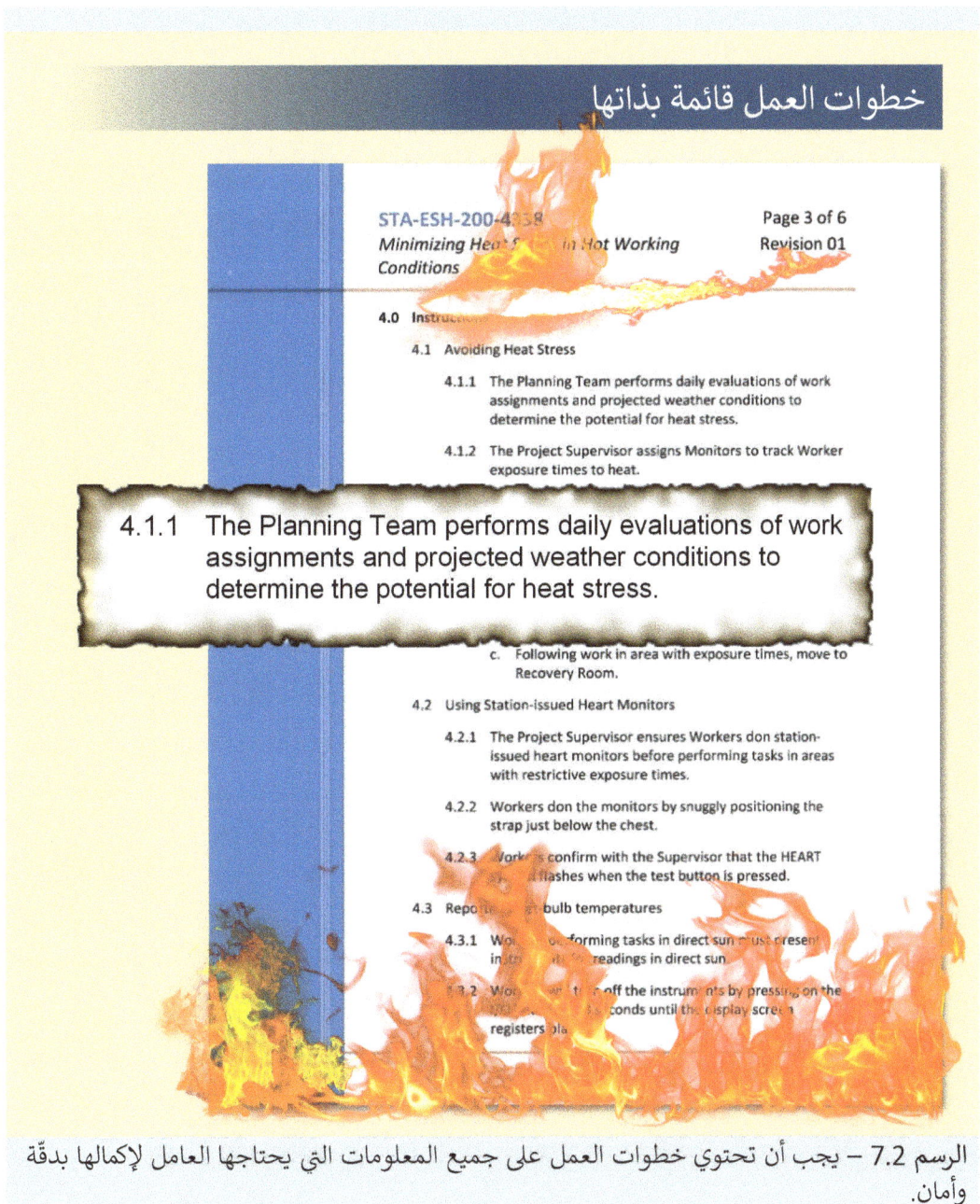

الرسم 7.2 – يجب أن تحتوي خطوات العمل على جميع المعلومات التي يحتاجها العامل لإكمالها بدقّة وأمان.

---

[2] باللّغة السنسكريتيّة، المانترا هي عبارات روحيّة تتكرّر بشكلٍ منهجيّ.

فيما يلي الممارسات التي ستساعدك على صياغة خطوات العمل بشكلٍ جيّد:

1. تكرار المعلومات

تهدف خطوات العمل إلى تكرار المعلومات بغضّ النظر عن الإجراءات التي تسبقها والتي تليها. ككاتب إجراءات، لا يجب أن تقلق من كون خطوات الإجراء التي تكتبها زائدة عن الحاجة. يوضّح المثال التالي خطوات العمل المكتوبة بشكلٍ متكرّر:

> 4.0 Instructions
>
> 4.1 Electricians circuit test Thermocouples and Wirelock to Coil Assembly by performing the following:
>
> 4.1.1 Obtaining pre-formed Coil and Thermocouple Plug Assembly from Warehouse.
>
> 4.1.2 Testing Thermocouple Plug Assembly for correct polarity.
>
> 4.1.3 Checking Thermocouple insulation for acceptable resistance and loop continuity.

2. التحقّق من الإغفال

لضمان عدم إغفال المعلومات المطلوبة، إطرح على نفسك أسئلة تبدأ ب "من" و"ماذا" و"متى" و"أين" و"لماذا" و"كيف". قد لا تجيب التعليمات المكتوبة بشكلٍ صحيح على كلّ هذه الأسئلة، لكنّها على الأرجح ستجيب على معظمها.

3. استخدم نفس المصطلحات باستمرار

إذا كانت مهمة الإجراء هي ربط جهاز، استخدم الفعل "attach" باستمرار. إذا كتبت الفعل "attach" في إحدى التعليمات والأفعال "fasten"، "connect" و "secure" في تعليمات أخرى، قد يصاب العمّال بالارتباك. وقد يتساءلون عمّا إذا كنت تستخدم مصطلحات مختلفة لأنّك تتوّقع إجراءات مختلفة. يتّبع العمال التعليمات بشكل أكثر دقة عند استخدام المصطلح نفسه بشكلٍ متكرّر. تحقّق من دليل الكاتب في محطتك للحصول على مسرد أفعال العمل المستحسن استخدامها في المحطة.

4. عمليّة واحدة = خطوة عمل واحدة

إكتب خطوات العمل بحيث تحتوي على تعليمة واحدة فقط. فكما شدّدت سابقاً على سرد وظيفة واحدة لكل إجراء، يجب أن تُكتب تعليمة واحدة فقط في خطوة العمل إلّا في حال تنفيذ عمليّات متعدّدة للحصول على نتيجة واحدة. فيما يلي أمثلة على دمج أكثر من عمليّة للحصول على نتيجة واحدة:

"The Manager must sign and date the report before it is circulated"

و

"The Operator will hold the brake plate in place while inserting the locking pin."

5. تحقّق من الملصقات للتأكّد من دقّتها

تحقّق من أنّ التسميات المُطلقة على المعدّات تتطابق مع الملصقات الموجودة عليها. في مرّاتٍ عديدة، اكتشفت عدم تطابق بين ملصقات المعدّات،المسجّلة في الإجراءات، وبين اللواصق الموجودة على معدّات المحطة. على سبيل المثال، كُتب في القائمة المكتوبة للإجراء "Supplied Air Respirator, 01AR-01-SCBA"، ولكنّ الملصق الموجود على الجهاز الفعليّ كان يحوي الرمز "01AR-01-SAR". بطبيعة الحال، سيكون التعرّف على المعدّات صحيحاً دائماً.

عدم ترك أسئلة دون إجابة

تحدث المشاكل عندما تضع الكتابة غير المكتملة العمّال في موقف يضطّرهم إلى تقرير كيفيّة المضيّ قدماً في الإجراء. مثلاً في خطوة العمل التالية:

> *"If necessary, the Health Physics Controller will monitor the Field Monitoring Team's Thyroid Committed Dose Equivalent."*

توجّه التعليمة السابقة العمّال للقيام بعمل بحال اعتباره ضرورياً. تحتوي هذه الخطوة على سؤال لا تتمّ الإجابة عليه: هل الإجراء ضروريّ *(necessary)* أم لا؟ في هذا المثال، يعطي كاتب الإجراءات، بشكلٍ خاطئ، سلطة لمراقب فيزياء الصّحة كي يقرّر ما إذا كان يجب مراقبة مكافئ الجرعة الملتزم بها *(Committed Dose Equivalent)*. بدون توجيه، هل من الممكن أن يتخّذ مراقب فيزياء الصحة قرارًا يختلف عن قرار مراقب فيزياء صحّة آخر؟

من المحتمل أن يتّخذ أحد المراقبين ذوي الخبرة في فيزياء الصحة الإجراء الصحيح. لكن قد لا يفعل مراقب فيزياء الصحة الأقلّ خبرة ذلك. قد يكون الحلّ المفيد لكاتب الإجراءات أن يقدّم إرشادات لكلا الحالتين: أولاً، عندما تتمّ مراقبة مكافئ الجرعة الملتزم بها *(Committed Dose Equivalent)*، وثانيًا، عندما لا يتمّ ذلك.

تصف العبارات الثابتة مثل *"when applicable"* و *"if appropriate"* نتائج أمر قد يحدث، فهذه العبارات تقدّم مواقف محتملة. تؤدي إضافة عبارات ثابتة إلى الإرشادات إلى حدوث ثغرة أمنية لأنها توجّه العمّال للقيام بأعمال إجرائيّة دون توجيه مثل:

- *... as required*
- *... if needed*
- *... when necessary*
- *... as desired*
- *... as applicable*
- *... if appropriate*

المشكلة في استخدام العبارات الثابتة هي أنّها تؤدّي إلى كتابة غير مكتملة؛ تفتقر هذه العبارات المعلومات التي يمكن أن تساعد العامل على فهم متى وأين ولماذا تكون الإجراءات ضروريّة *(necessary)* أو قابلة للتطبيق *(applicable)*.

لا يمكن تنفيذ الإجراء بنفس الطريقة وإكماله بنفس النتائج في كل مرة يتم تنفيذه إذا كان بإمكان العمّال أن يقرّروا بأنفسهم متى تكون التعليمات قابلة للتطبيق *(applicable)* أو مطلوبة *(needed)*.
تجنّب كتابة خطوات العمل التي تخلق أسئلة دون إجابة.

يوضّح الجدول التالي كيفيّة استخدام العبارات الثابتة:

العبارة الثابتة	الاستخدام	الاستخدام الخاطئ	الاستخدام الصحيح
As required	استخدم هذه العبارة للاستشهاد بالقرار التنظيمي أو التوجيه الإداري الذي يتسبب في أن يكون الإجراء مطلوباً *(required)*.	*"The Technician will continuously test atmosphere inside the Permit Required Confined Space for oxygen, explosive levels, and toxins **as required**."*	*"The Technician will continuously test atmosphere inside the Permit Required Confined Space for oxygen, explosive levels, and toxins **as required** by the Permit Required Confined Space Work Authorization Form."*
If needed	صِف الحالات التي تحتاج *(need)* لأداء عملٍ ما.	*"Additional sheets may be attached to the New Employee Training Form, **if needed**."*	*"Additional sheets may be attached to the New Employee Training Form, **if needed** to document results of the evaluation."*
If necessary	حدّد للعامل سبب كون هذا العمل ضروريّاً *(necessary)*	*"**If necessary**, issue the report as a multi-page document."*	*"**If necessary** for legibility and ease of use, issue the report as a multi-page document."*
If desired	صِف النتائج التي ستحدث إذا تحقق الأمر المطلوب *(desired)*	*"**If desired**, use quotation marks."*	*"**If desired**, use quotation marks for added emphasis."*
As applicable	قد تكون أو لا تكون بعض ظروف العمل قابلة للتطبيق *(applicable)* على الوظيفة. صِف جميع الاحتمالات التي يمكن أن تساعد العامل على تحديد النتائج المرجوّة.	*"When Control Room is in a time-critical condition, the Shift Supervisor uses available station resources, including support from offsite agencies, **as applicable**."*	*"When the Control Room is in a time-critical condition, the Shift Supervisor uses available station resources, including support from **applicable** offsite agencies:* *a. Fairfield County Police Dept. for traffic control.* *b. Fairfield County Hospital for medical support.* *c. Johnson Fuels for emergency fuel supplies."*
If appropriate	تشير هذه العبارة الثابتة إلى أنّ ظروف عمل عديدة قد تكون مناسبة *(appropriate)*	*"The Trainer will mark each step the Trainee has performed, **as appropriate**."*	*"The Trainer will mark each step the Trainee has performed in either the SAT or UNSAT checkbox, **as appropriate**."*

4.0 ما لا يجب فعله (What NOT to Do) عند كتابة القسم التعليمات (Instructions)

فيما يلي الأخطاء الكتابيّة الشائعة في صناعة الطاقة النوويّة، وهي أمثلة على ما لا يجب فعله (what NOT to do) عند صياغة قسم التعليمات (Instructions):

1. الاعتقاد بإمكانيّة اعتبارعبارات بسيطة تعليمات.
2. استخدام مصطلحات غير دقيقة عند الكتابة عن الكميّات.
3. تسمية قسم الإجراء بالمسمّى الوظيفي للعامل.
4. كتابة خطوات العمل للموظّفين العاملين خارج الموقع.

فيما يلي وصف دقيق للأخطاء المذكورة آنفاً مع حلول للمساعدة على تجنّب ارتكابها:

	الخطأ الشائع في صناعة الطاقة النوويّة	الحلّ
1	الاعتقاد بإمكانيّة اعتبارعبارات بسيطة تعليمات.	خطوات العمل تنفّذ العمل ولا شيء غير ذلك.

"After repetitious heating and slicing, the aluminum sheath will be exposed beneath the cable."

في المثال السابق، هل توجّه الجملة العمل؟ كلا. وذلك لأنّها عبارة بسيطة، أي بمثابة إقرار، ولا تقدّم توجيهات كي يتّبعها العامل. تذكّر أن الإجراء عبارة عن سلسلة من الإرشادات التي تهدف إلى إكمال مهمّة. يجب إعادة كتابة هذا المثال كأمر:

"The Electrician will heat and slice the cable until the aluminum sheath is exposed."

	الخطأ الشائع في صناعة الطاقة النوويّة	الحلّ
2	استخدام مصطلحات غير دقيقة عند الكتابة عن الكميّات.	قدّم التفاصيل.

تجنّب كتابة كلمات غامضة مثل "ببطء" (slowly)، "تقريباً" (approximately) و"بشكل متكرّر" (frequently) لأنّها تتطلّب من العم؛ال اتخاذ قرارات حول كيفيّة تنفيذ الإجراءات. يمكن أن يكون لمصطلح "تقريبًا" (approximately) معناً مختلفاً بالنسبة للعامل المتمرّس عمّا هو الحال بالنسبة للموظّف المُعيّن حديثًا.

لا تكتب	Shift Electricians will restore Laboratory lighting and heating selectively.
إكتب	Shift Electricians will restore Laboratory lighting and heating, re-establishing a Normal Full Load between 170 to 180 amperes.

حدّد الكميّات إذا كانت هذه المعلومات متاحة. على سبيل المثال، حدّد المعلومات حول الارتفاع والوزن ودرجة الحرارة والضغط والحجم.

لا تكتب	Operators will adjust fuel flow controls to maintain tank levels.
إكتب	Operators will adjust fuel flow controls at one turn per minute to maintain tank levels at 15 feet.

لا تطلب من العمال تأويل المقدار. إذا لم يكن هناك مقدار محدّد، حدّد المقدار المسموح به.

إكتب	Operators will maintain tank levels between 13 and 15 feet.

	الخطأ الشائع في صناعة الطاقة النوويّة	الحلّ
3	تسمية قسم الإجراء بالمسمّى الوظيفي للعامل.	صياغة عناوين الأقسام بحيث تعكس تقدّم سير العمل.

عند تسمية أجزاء التعليمات *(Instructions)*، قم بصياغة عناوين تدلّ على العمل، لا العامل. إذا كانت تسمية الإجراء "*Laying and Pulling 154 kV Cables*"، فمن غير المنطقيّ عنونة الإجراء بالمسمّى الوظيفي "*Electrical Engineer*". فيما يلي اقتراحات لعناوين تعكس التقدّم خلال عمليّة الإجراء:

- *Inspecting Drums*
- *Cable Plowing*
- *Checking Cable Pulling Tensions and Speed*
- *Pulling through Ducts*

عنونة القسم الفرعيّ بالمسمّى الوظيفي "*Electrical Engineer*" لا تتناسب مع هذا التسلسل ولا تساهم في استكمال مهمّة الإجراء.

	الخطأ الشائع في صناعة الطاقة النوويّة	الحلّ
4	كتابة خطوات العمل للموظّفين العاملين خارج الموقع.	وجّه الإجراءات للعاملين المصرّح لهم فقط.

تزدحم محطّات الطاقة النوويّة بالبائعين من خارج الموقع الذين يصلون ويغادرون باستمرار. يوفّر البائعون من خارج الموقع خدمات الكافتيريا، وآلات البيع، ويقدّمون الأدوات والمواد والمعدات. تعتبر علاقات العمل مع البائعين من خارج الموقع الطريقة الأساسيّة لتسهيل عمليّات محطة الطاقة. مع ذلك، يجب على كاتبي الإجراءات توخّي الحذر عند كتابة الإجراءات التي تتضمّن تفاعلات بين عمّال المحطّة وبين الموظفين من خارج الموقع. لا يعمل الموظّفون من خارج الموقع في المحطة، ولا تدرّبهم المحطّة، ولا يمكنهم الوصول إلى إجراءات المحطة. لذلك، لا يملك كاتبو الإجراء أيّ سلطة لتطوير خطوات العمل للموظّفين خارج الموقع.

الفصل 7 ← صياغة تعليمات (Instructions) عمليّة

يوضح المثال التالي تعليمات تتضمّن تفاعلات مع العاملين خارج الموقع لدى كتابتها بشكلٍ صحيح وبشكلٍ غير صحيح:

لا تكتب	4.7.1	If an Alert Notification System (ANS) siren activation occurs inadvertently due to spurious signals, the ANS Siren Vendor will check for equipment malfunctions.
إكتب	4.7.1	If an Alert Notification System (ANS) siren activation occurs inadvertently due to spurious signals, the Station EP Duty Manager will arrange for the ANS Siren Vendor to report to the station and check for equipment malfunctions.

الاستثناء للنقطة السابقة هو عندما توقّع محطة طاقة نووية مذكّرة تفاهم مع مؤسّسة من خارج الموقع تسمح للعاملين من كلّ مؤسّسة بالتفاعل في نطاق وظيفة سيعملون معاً على إكمالها. مثلاً:

JOINT PROCEDURE

4.7.1 If an Alert Notification System (ANS) siren activation occurs inadvertently due to spurious signals, the Station EP Duty Manager will:

　　a. Arrange for the offsite ANS Siren Vendor to report to the station.

　　b. Alert Security to the arrival of the ANS Siren Vendor and request escort.

4.7.2 Upon arrival at the station, the ANS Siren Vendor will report to station Security.

4.7.3 Station Security will badge and escort the ANS Siren Vendor to malfunctioning equipment.

4.7.4 The ANS Siren Vendor will inspect for equipment problems.

4.7.5 Before proceeding with repairs, the ANS Siren Vendor will receive permission from, and coordinate activities with, the EP Duty Manager.

بموجب مذكّرة التفاهم، تحتوي الإجراءات (المعروفة أيضًا باسم الإجراءات المشتركة) على تعليمات لكلا الطرفين. عند كتابة إجراءات مشتركة، من الضروريّ أن يذكر كاتبو الإجراءات هذه العلاقة الخاصة في القسم 1.0 الغرض والنطاق (Purpose and Scope).

الفصل 8

تدقيق المراجع (References)

وظيفة القسم 5.0 المراجع (References)

يحدّد القسم 5.0 الوثائق <u>المستخدمة</u> أو تلك التي يتمّ ذكرها <u>كمرجع</u> خلال أداء إجراء.

- مثال على وثيقة <u>مُستخدمة</u> في إجراء آخر:

"The Entry Manager will direct the reduction of hazards per STA-ESH-200-4030, Controlling Station Hazard Mitigation"

- قد تظهر وثيقة مذكورة <u>كمرجع</u> في الإجراء الذي تكتبه على الشكل التالي:

"This procedure implements the guidance of US NRC Regulatory Guide 1.23, Meteorological Monitoring Programs for Nuclear Power Plants"

للقسم 5.0 المراجع (References) ثلاث وظائف:

1. وضع أساس للإجراء عن طريق سرد اللوائح الحكوميّة التي تتطلّب إنشاء هذا الإجراء.
2. توثيق العلاقة بين الإجراء وبين وثائق المحطّة، حيث إنّ هذه الوثائق ستساهم في أداء الإجراء.
3. يستخدم هذا القسم كمصدر للمعلومات من قبل المدقّقين والمفتّشين خلال تحقيقاتهم.

تأتي المراجع (References) من مصادر مختلفة، فقد تكون المراجع (References) وثائق في محطّة الطاقة النوويّة كالمطبوعات والرسومات والإجراءات، أو قد تكون وثائق مأخوذة من شركات ومنظّمات أخرى كدليل البيع ومنشورات الوكالة الحكوميّة، كما هو موضّح في الرسم 8.1.

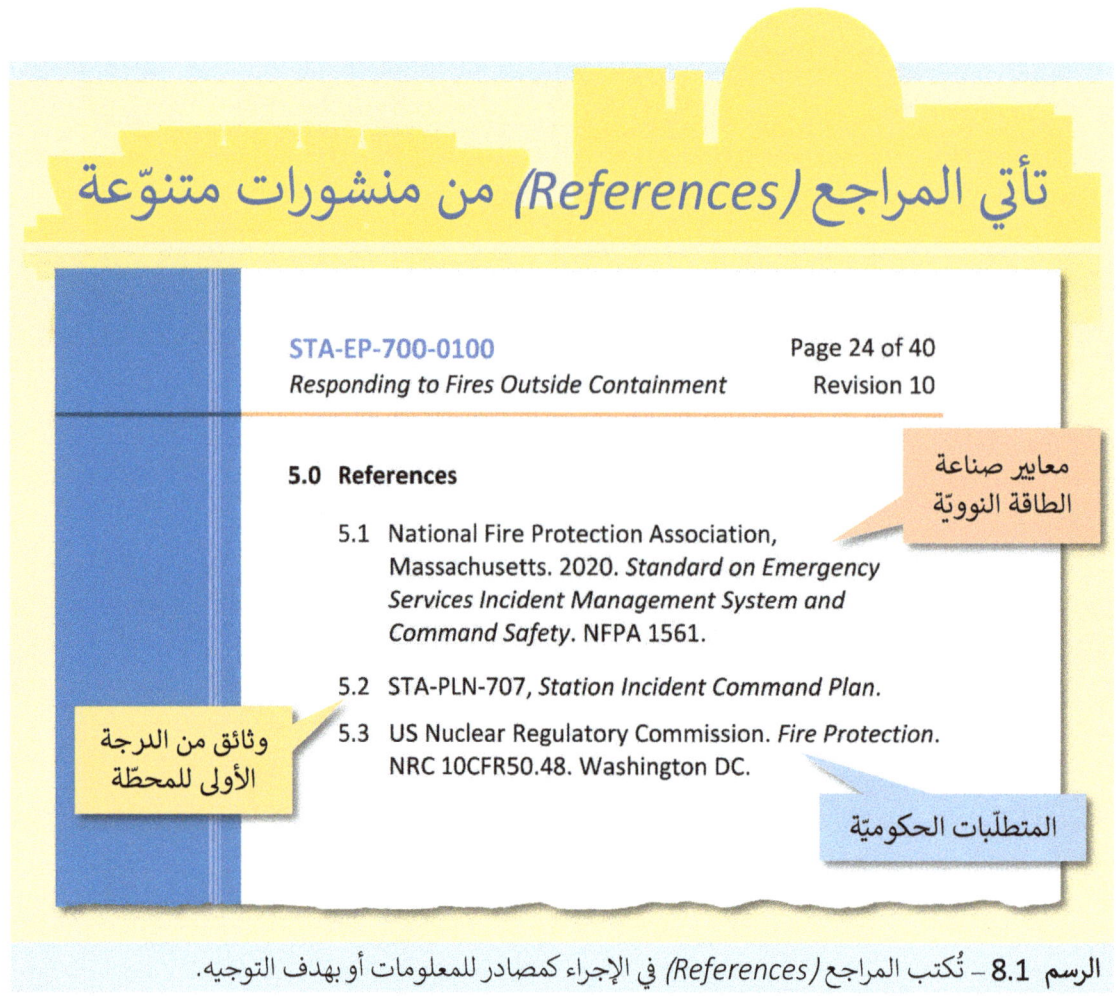

الرسم 8.1 – تُكتب المراجع (References) في الإجراء كمصادر للمعلومات أو بهدف التوجيه.

تحديد المتطلبات (Requirements)

تتمّ عمليّة توثيق التزام الإجراء بالمتطلّبات واللوائح من خلال خطوتين: الأولى هي تحديد العلاقة بين الإجراء الذي تكتبه وبين الوثائق الحاكمة مقدّماً في القسم 1.0، كما هو موضّح في المثال التالي:

1.0 Purpose and Scope

    1.1 Purpose

        1.1.1 This procedure satisfies requirements of 10CFR50, Appendix B, *Quality Assurance Criteria for Nuclear Power Plants and Fuel Reprocessing Plants*.

والخطوة الثانية هي توثيق العلاقة من خلال إدراج مستند **أو وثيقة** الوكالة في القسم 5.0، كما هو موضّح في المثال التالي:

> **5.0 References**
>
> 5.1 US Code of Federal Regulations, Title 10 "Energy." *Quality Assurance Criteria for Nuclear Power Plants and Fuel Reprocessing Plants*. Appendix B to Part 50.

يعدّ القسم 5.0 المراجع *(References)* أداةً أساسيّة لمصادقة التزام المحطّة بالمتطلّبات الحكوميّة. فإذا خضع القسم الإداري الذي تعمل به لتفتيش، فإنّ التفتيش سيبدأ على الأرجح بمراجعة إجراءات القسم، بالأخصّ قسم المراجع *(References)*، وذلك بغرض تحديد القوانين والأنظمة التي يتبعها الإجراء.

ما لا يجب فعله *(What NOT to Do)* عند كتابة القسم 5.0 المراجع *(References)*

فيما يلي الأخطاء الكتابيّة الشائعة في صناعة الطاقة النوويّة، وهي أمثلة على ما لا يجب فعله *(what NOT to do)* عند صياغة قسم المراجع *(References)*:

1. تضمين مسودّات الوثائق في قائمة المراجع *(References)*.
2. إغفال المراجع *(References)*.
3. التنظيم العشوائي للمراجع *(References)*.
4. الإشارة إلى أرقام المراجعة دون داعٍ لذلك.

فيما يلي وصف دقيق للأخطاء المذكورة آنفاً مع حلول للمساعدة على تجنّب ارتكابها:

	الخطأ الشائع في صناعة الطاقة النوويّة	الحلّ
1	تضمين مسودّات الوثائق في قائمة المراجع *(References)*.	تجنّب سرد وثائق لم تُنشر بعد.

تتطلّب صياغة مسوّدة وثيقة عملاً كثيراً. على الرّغم من أنها لا تزال قيد التطوير، غالبًا ما تحتوي المسودّة على معلومات مفيدة. ولكن، حتى يتمّ التوقيع على المسودة وتأريخها وإصدارها، فإنّها لا تعدّ مصدرًا موثّقاً، فهي ببساطة لا وجود لها! لا تضف مستند في قائمة المراجع *(References)* إلّا بعد نشره.

الحلّ	الخطأ الشائع في صناعة الطاقة النوويّة	
تحقّق من محتوى الإجراء كي تعرف الوثائق التي يجب سردها كمراجع (References).	إغفال المراجع (References).	2

في أغلب الأحيان، يكون جدول كاتبي الإجراءات مزدحم. لسوء الحظّ، عندما تُكتب الإجراءات بوقت قصير نظراً لضيق الوقت، قد يتمّ إغفال المعلومات والإحالات إلى مراجع. لتجنّب الإغفالات، راجع مسوّدتك من البداية إلى النهاية وقم بإدراج جميع المستندات التي اقتبست منها. قارن هذه القائمة بقسم المراجع (References) لمعرفة ما إذا حذفت أيّ مرجع. فمثلاً:

- هل هناك في القسم 1.0 الغرض والنطاق (Purpose and Scope)، إشارة إلى وثيقة من الإدارة العليا، كسياسة المحطّة على سبيل المثال؟ هل هي مدرجة في القسم 5.0 المراجع (References)؟

- هل يحتوي القسم 7.0 المرفقات (Attachments) على رسومات؟ هل هي مدرجة مع أرقام التعريف الخاصة بها في القسم 5.0 المراجع (References)؟

الحلّ	الخطأ الشائع في صناعة الطاقة النوويّة	
إسرد المراجع بترتيب أبجدي رقمي.	التنظيم العشوائي للمراجع (References).	3

راجع ترتيب سرد المراجع (References): هل كُتبت بترتيب عشوائي دون تحديد هويّتها؟ نظّم المراجع بترتيب أبجدي رقمي لتسهيل إيجاد الوثائق في قسم المراجع (References) على العمّال. قد تبدو هذه المراجعة الإداريّة ذات عواقب طفيفة، لكنّها عامل تنظيمي للأداء البشري وتساهم في ثقة العمّال بأنّ التعليمات كُتبت بعناية ويمكن التنبّؤ بها.

فيما يلي مثال على الترتيب الأبجدي الرّقمي للمراجع (References):

> 5.0 References
> 5.1 STA-EP-700-0110, *Activating Emergency Response Facilities*
> 5.2 STA-IT-900-0051, *Testing Digital Monitoring Systems Software*
> 5.3 STA-IT-900-0083, *Servicing Station Digital Monitoring Systems*
> 5.4 STA-MN-650-1753, *Performing ERO Facility Maintenance*

الحلّ	الخطأ الشائع في صناعة الطاقة النوويّة	
لا تسرد رقم مراجعة الإجراء.	الإشارة إلى أرقام المراجعة دون داعٍ لذلك.	4

كقاعدة عامّة، لا تكتب أرقام مراجعة الوثائق المُدرجة كمراجع (References)، فالوثائق تخضع للمراجعة بشكلٍ متكرّر في محطّات الطاقة النوويّة. إذا تمّت مراجعة وثيقة في قائمة المراجع (References) التي كتبتها، سيعتبر المستند الذي كتبته قديماً وستكون هناك حاجة لمراجعة الإجراء في كلّ مرّة يتمّ فيها التعديل على أحد الوثائق المكتوبة في قسم المراجع (References). لتجنّب هذا الأمر، لا تسرد أرقام مراجعة الوثائق المُسردة كمراجع (References).

يحدث استثناء لهذه الممارسة عندما يتم إصدار المراجع *(References)* من قبل وكالة منظّمة، مثل دليل الأسلوب التحريري التابع لهيئة التنظيم النووي الأمريكيّة *(NRC Editorial Style Guide)*. المثال التالي يتضمّن رقم مراجعة الوثيقة لأنه يحدّد الإطار الزمني الذي تمّ فيه تطوير الإجراء وإصداره:

"US Nuclear Regulatory Commission. 2009. *NRC Editorial Style Guide*. Revision 2 (NUREG-1379). Washington DC."

الفصل 9

فهم ما يشكّل سجلّاً (Record)

وظيفة القسم 6.0 السجّلات (Records)

يتحّكم قسم إدارة الوثائق والسجّلات بمحطّة الطاقة النوويّة في السجّلات. تكمن وظيفة السجلّات في أنّها تعطي دليلاً مؤرّخاً على إكمال عملٍ ما، أي بمثابة دليل تاريخي. ويمكن أن تكون السجلّات نماذج، أو قوائم مرجعيّة أو أوراق بيانات، أو أيّ مستندات يمكن استخدامها للإشارة إلى حالة عمل المحطة.

للقسم 6.0 السجلّات (Records) ثلاث وظائف:

1. التحقّق من تنفيذ الإجراء.
2. يستخدم كدليل للمدراء والمراجعين على أنّ الوظيفة قد أُكملت وفقاً لمتطلّبات المحطة واللوائح الحكوميّة.
3. نقل الدروس المستفادة (Lessons learned)، وهو برنامج رسميّ في محطّات الطاقة النوويّة، في حال أدّى أداء إجراء معيّن إلى عواقب سلبيّة.

قد يصاب كاتبو الإجراءات بالارتباك عند كتابة هذا القسم من النموذج، فليست كل المستندات المستخدمة أثناء أداء الإجراء عبارة عن سجلّات (Records). لمساعدتك على تمييزها، تذكّر أن السجلّات (Records) غالبًا ما تتطلب التوقيعات والتواريخ. وعادةً ما تعرض السجلّات أرقام تعريف المستندات التي تمّ إصدارها من قبل قسم إدارة الوثائق والسجّلات. راجع دليل كاتب المحطّة للتأكد من توافق القسم 6.0 مع التوقّعات.

إذا لم يكن هناك سجلّ للإجراء الذي تكتبه، إكتب كلمة "None" تحت قسم السجلّات.

ما لا يجب فعله (What NOT to Do) عند كتابة القسم 6.0 السجلّات (Records)

فيما يلي الأخطاء الكتابيّة الشائعة في صناعة الطاقة النوويّة، وهي أمثلة على ما لا يجب فعله (what NOT to do) عند صياغة قسم السجلّات (Records):

1. اعتبار وثائق لا تعطي دليلاً مؤرّخاً سجلّات.
2. حذف خانات الاختيار وأسطر التوقيع وأجزاء أخرى من النموذج.
3. عدم توجيه العاملين نحو كيفيّة حفظ السجلّات (Records) بعد ملئها وإتمامها.

فيما يلي وصف دقيق للأخطاء المذكورة آنفاً مع حلول للمساعدة على تجنّب ارتكابها:

الخطأ الشائع في صناعة الطاقة النوويّة		الحلّ
1	اعتبار وثائق لا تعطي دليلاً مؤرّخاً سجلّات.	معرفة المعايير التي يجب وجودها في السجلّ لاعتباره سجلّاً.

لا تدع العمّال يقرّرون أي مستندات هي سجلّات (Records). فكتابة عبارات غير مكتملة مثل "...Copies of Training Certifications" أمرغير مقبول. يوضّح الشكل 9.1 العديد من الأمثلة على العبارات غير الصحيحة.

الشكل 9.1 – تؤكّد محطات الطاقة النووية على أهميّة التواصل الواضح. تجنّب السجلات (Records) غير الدقيقة كتلك الموضّحة هنا (تصوير كيلي لاسي).

الفصل 9 ← فهم ما يشكّل سجلّاً (Record)

قارن بين الأمثلة على السجلّات غير المقبولة في الشكل 9.1 وبين المثال التالي لسجلّ محضّر بطريقة صحيحة:

6.0	**Records**
6.1	STA-FRM-354, *Chemical Technician Tools and Equipment Checklist*

ككاتب إجراءات، تذكّر أنّك تتحكّم في جميع عناصر عمليّة الكتابة، فيجب أن تتوقّع ما هي السجلّات (Records) التي قد تنتج عن أداء الإجراء االذي تكتبه. إسرد السجلّات (Records) بترتيب أبجدي رقمي، أي بنفس الترتيب المُعتمد في القسم 5.0 المراجع (References).

	الخطأ الشائع في صناعة الطاقة النوويّة	الحلّ
2	حذف خانات الاختيار وأسطر التوقيع وأجزاء أخرى من النموذج.	تأكّد من توفّر مساحات لتوثيق المعلومات المطلوبة في السجلّات (Records).

إذا كانت وثيقتك تتطلب دليلًا على تنفيذ إجراء وفقًا للمتطلّبات، فتأكّد من وجود حقول نموذج للحصول على تلك المعلومات، مثل:

- التوقيعات (أسطر)
- الأحرف الأولى (خانات)
- التواريخ (أسطر)
- التحقّق المستقل (أسطر)
- نتائج الفحص أو الاختبار (أسطر أو خانات اختيار)
- بيانات المعايرة (أسطر أو خانات اختيار)

	الخطأ الشائع في صناعة الطاقة النوويّة	الحلّ
3	عدم توجيه العاملين نحو كيفيّة حفظ السجلّات (Records) بعد ملئها وإتمامها.	إشرح خطوات ملء وتسليم أي سجلّ ناتج عن الإجراء الذي تكتبه.

تأكّد من احتواء الإجراء الذي تكتبه على تعليمات توجّه العمّال نحو كيفيّة حفظ السجلّات (Records) بعد اكتمال العمل وجهوزيّة الأوراق للتقديم:

1. إذا كان تسجيل التوقيعات والتواريخ ضروريّاً، إكتب خطوات العمل لتلك الأنشطة.
2. إذا كان ينبغي تقديم السجلّات لقسم إدارة الوثائق والسجلّات، فقم بتضمين هذه التعليمات في الإجراء الخاص بك.

بإمكانك صياغة التعليمات على النحو التالي:

"Upon verifying copies of STA-FRM-721, Assembly Area Accountability Log, are satisfactorily completed, signed, and dated, the Accountability Coordinator will submit the forms to the Incident Commander's office."

الفصل 10

الاستشهاد بالمرفقات (Attachments) للاستخدام

وظيفة القسم 7.0 المرفقات (Attachments)

تحتوي المرفقات (Attachments) على معلومات تكميليّة ضروريّة لأداء أنشطة الإجراء.

للقسم 7.0، المرفقات، وظيفتان:

1. يعتبر بمثابة مكان لحفظ المعلومات الإضافيّة كالقوائم المرجعيّة والنماذج والمذكّرات والمخطّطات الانسيابيّة والرسومات (الشكل 10.1).
2. الاحتفاظ بالتوجيهات الطويلة جدّاً بحيث لا يمكن إدراجها في القسم 4.0 التعليمات (Instructions)، على سبيل المثال، توجيهات المهامّ التي تُؤَدّى بشكلٍ روتينيّ.

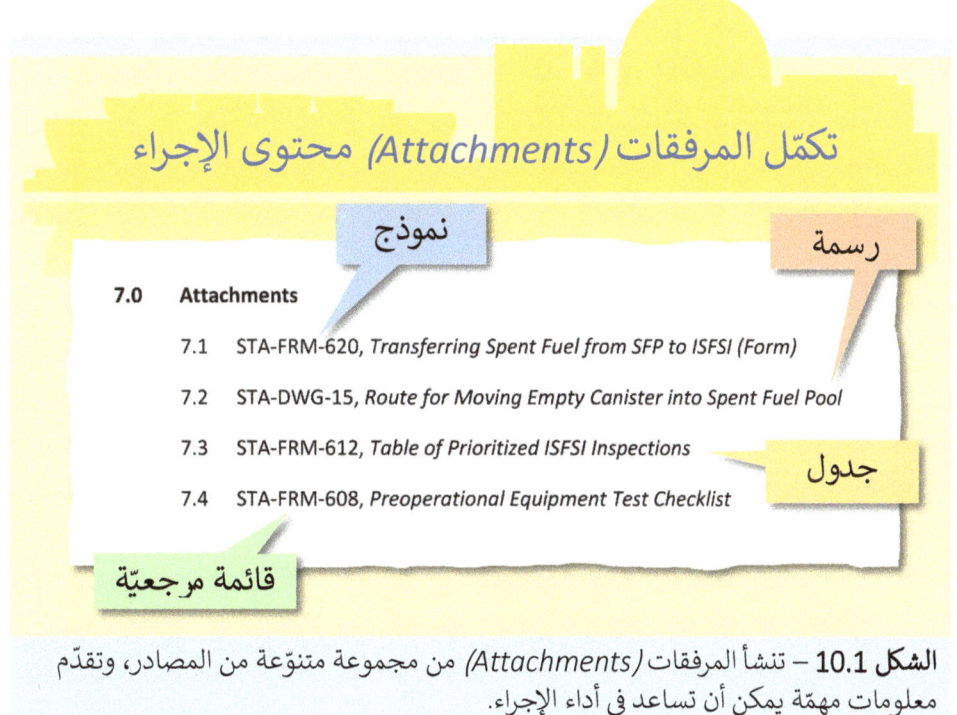

الشكل 10.1 – تنشأ المرفقات (Attachments) من مجموعة متنوّعة من المصادر، وتقدّم معلومات مهمّة يمكن أن تساعد في أداء الإجراء.

أدخل المرفقات *(Attachments)* في نهاية الإجراءات كمستندات قائمة بذاتها. سيكون للمرفقات *(Attachments)* عناوين وأرقام صفحات خاصة بها. وجّه الصفحات في الوضع الرأسي (لا الأفقي) قدر الإمكان حتى لا يضطر العمّال إلى تدوير كتيّبات الإجراءات عند العمل عليها.

لا تحتاج كلّ الإجراءات إلى مرفقات *(Attachments)*. إذا كان الإجراء الذي تكتبه لا يحتوي على معلومات تكميليّة، إكتب كلمة *"None"* تحت قسم المرفقات. ولكن قبل كتابة كلمة *"None"*، ضع في اعتبارك العامل الذي يستخدم الإجراء، فعلى الرّغم من أنّ المرفقات *(Attachments)* قد لا تكون ضروريّة دائمًا، إلا أنّها قد تكون مفيدة للعامل الذي، على الرّغم من قدرته على أداء مهمّة دون رجوع إلى رسم، قد يحبّذ التحقّق بسرعة من الرسم إذا كان متاحاً في قسم المرفقات *(Attachments)*.

متى نضع تعليمات في المرفقات *(Attachments)*

يحتوي كلّ من القسم 4.0، التعليمات *(Instructions)*، والقسم 7.0، المرفقات *(Attachments)* على توجيهات. فكيف بإمكان العامل أن يعرف القسم الذي يتوجّب عليه قراءته لمعرفة التعليمات؟ هناك قواعد لكتابة الإجراء تساعد على اتخاذ هذا القرار وهي التالية:

1. إذا كانت التعليمات جزءًا أساسيًّا من عمل الإجراء، ضعها في القسم 4.0، التعليمات.
2. ضع التعليمات في القسم 7.0، المرفقات *(Attachments)* إذا كانت:
   - لا تمثّل تحديًا تقنيًا
   - مفهومة بشكل عام للعمّال
   - من ضمن الأعمال التي يؤدّيها العمّال بشكلٍ متكرّر

يجب أن تظهر توجيهات استخدام المستندات المرفقة في المكان الذي يحتوي على الأداء المرتبط بها في الإجراء. على سبيل المثال، إذا كان تنظيف منطقة العمل مطلوبًا في نهاية الوظيفة، إكتب:

"HP Technicians will clean the Monitoring and Decontamination Center by following directions in Attachment A, Decontaminating Work Areas."

تعتبر إزالة التلوّث عمليّة مفهومة ومؤدّاة بشكلٍ متكرّر، ولذلك، ليس من الضروريّ كتابة تعليمات عن كيفيّة إزالة التلوّث في متن الإجراء، ومن الممكن إضافتها في قسم المرفقات (Attachments).

ما لا يجب فعله *(What NOT to Do)* عند كتابة القسم 7.0، المرفقات *(Attachments)*

فيما يلي الأخطاء الكتابيّة الشائعة في صناعة الطاقة النوويّة، وهي أمثلة على ما لا يجب فعله *(what NOT to do)* عند صياغة قسم المرفقات *(Attachments)*:

1. عدم إدخال أرقام الصفحات على المرفقات *(Attachments)*.
2. عدم توجيه العمّال لاستخدام المرفقات *(Attachments)*.

3. ازدواجيّة التوجيهات في كل من القسم 4.0، التعليمات (Instructions) والقسم 7.0، المرفقات (Attachments).
4. الإشارة إلى المرفقات (Attachments) بترتيب عشوائي.
5. عدم إدراج المرفقات (Attachments) كسجلّات (Records).

فيما يلي وصف دقيق للأخطاء المذكورة آنفاً مع حلول للمساعدة على تجنّب ارتكابها:

	الخطأ الشائع في صناعة الطاقة النوويّة	الحلّ
1	عدم إدخال أرقام الصفحات على المرفقات (Attachments).	تأكّد من ظهور رقم الصفحة الأصليّة بالإضافة إلى رقم صفحة الإجراء لكلّ مرفق.

على الرغم من كون أهميّة أرقام صفحات المرفقات أمراً بديهيّاً، إلّا أنّني غالباً ما ألاحظ غياب أرقام الصفحات في المرفقات (Attachments). يجب أن يكون العمّال قادرين على رصد التقدّم من خلال التعليمات المكتوبة، بما في ذلك تلك الموجودة في المرفقات (Attachments). عند تطوير المرفقات (Attachments)، تأكّد من أنّها تعرض وجود أرقام الصفحات الخاصة بها (أرقام الصفحات الأصليّة) ورقم صفحة الإجراء، كما هو موضّح في الشكل 10.2.

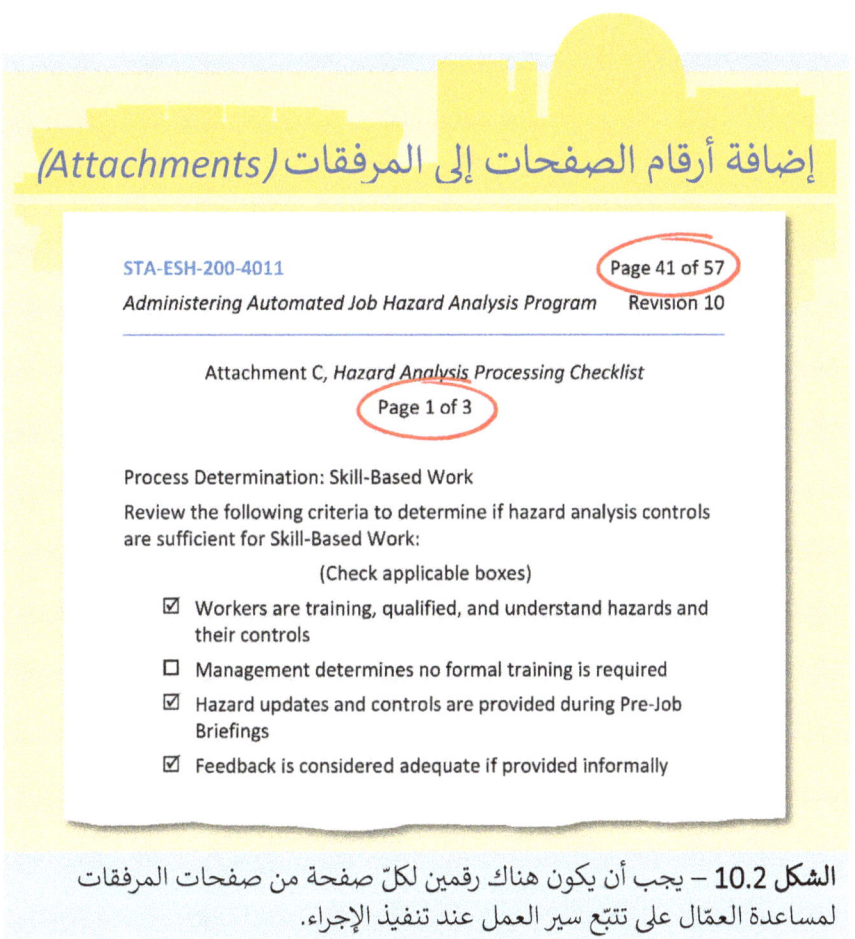

إضافة أرقام الصفحات إلى المرفقات (Attachments)

STA-ESH-200-4011 Page 41 of 57

Administering Automated Job Hazard Analysis Program Revision 10

Attachment C, *Hazard Analysis Processing Checklist*

Page 1 of 3

Process Determination: Skill-Based Work

Review the following criteria to determine if hazard analysis controls are sufficient for Skill-Based Work:

(Check applicable boxes)

☑ Workers are training, qualified, and understand hazards and their controls

☐ Management determines no formal training is required

☑ Hazard updates and controls are provided during Pre-Job Briefings

☑ Feedback is considered adequate if provided informally

الشكل 10.2 – يجب أن يكون هناك رقمين لكلّ صفحة من صفحات المرفقات لمساعدة العمّال على تتبّع سير العمل عند تنفيذ الإجراء.

	الخطأ الشائع في صناعة الطاقة النوويّة	الحلّ
2	عدم توجيه العمّال لاستخدام المرفقات *(Attachments)*.	إكتب تعليمات توجّه العمّال للنظر في المرفقات واستخدامها.

أحد الأخطاء الأكثر شيوعًا في تطوير المرفقات هو عدم توجيه العمّال لاستخدامها. لا تفترض أبدًا أنّ العمّال سيعرفون من تلقاء ذاتهم سبب إرفاق نموذج أو قائمة مرجعيّة بالإجراء. لا تفترض أنّ العمّال يعرفون كيف ومتى يستخدمونها.

اكتب خطوات عمل لتخبر العمّال:

1. من سوف يكمل المرفق؟ (هل يجب على عامل معين تعبئته؟ هل يحتاج المشرف إلى التوقيع عليه؟)
2. كيف سيتمّ استخدام المرفق؟ (هل يلزم تسليمه إلى قسم آخر؟)
3. ما الذي يجب عمله عند استكمال المرفق؟ (هل يجب تقديمه إلى المشرف الميداني أم تقديمه إلى قسم إدارة الوثائق والسجّلات؟)

	الخطأ الشائع في صناعة الطاقة النوويّة	الحلّ
3	ازدواجيّة التوجيهات في كل من القسم 4.0، التعليمات *(Instructions)* والقسم 7.0، المرفقات *(Attachments)*.	إكتب ما يجب عمله إمّا في قسم التعليمات *(Instructions)* أو في قسم المرفقات *(Attachments)*، وليس في كلا القسمين.

إذا كانت هناك توجيهات للعمّال في أحد المرفقات *(Attachment)*، لا تكرّر نفس التوجيهات في قسم التعليمات *(Instructions)*. فعند ظهور خطوات عمل مكرّرة في قسمين مختلفين من الإجراء، يمكن أن يصاب العمّال بالارتباك بشأن مجموعة التعليمات التي يجب اتّباعها. وتزداد المشكلة سوءًا إذا اختلفت صياغة نفس التعليمات. السيناريو الأسوأ هو عندما يتقلّب العاملون ذهابًا وإيابًا بين صفحات مختلفة من الإجراء، في محاولة لاتّباع مجموعتين من التعليمات، ممّا يشعرهم بالحيرة ويجعلهم يرتكبون أخطاء. ويمكن أن تؤدّي الأخطاء إلى وقوع حوادث أو تلف المعدّات أو إصابة العمّال.

	الخطأ الشائع في صناعة الطاقة النوويّة	الحلّ
4	الإشارة إلى المرفقات *(Attachments)* بترتيب عشوائي.	رتّب المرفقات *(Attachments)* حسب ظهورها في متن الإجراء.

غالباً ما أرى المرفقات *(Attachments)* موضوعة بشكلٍ عشوائي. على سبيل المثال، وضع المرفق الرابع *(Attachment D)* أولاً ومن بعده المرفق الثاني *(Attachment B)*، ثمّ الثالث *(C)*، ثمّ الأوّل *(A)*. وُضعت المرفقات *(Attachments)* في المثال السابق بشكلٍ عشوائي في الإجراء دون تخطيط. رتّب المرفقات *(Attachments)* بحيث يكون المرفق "*A*" هو أوّل مرفق سيستخدمه العمّال، يليه المرفق "*B*" ثمّ "*C*" وهكذا. يمنح الهيكل المنطقي العمّال الثقة بأنّهم على صواب أثناء تقدّم سير عملهم في الإجراءات المطوّلة والأعمال المعقّدة.

الفصل 10 ❖ الاستشهاد بالمرفقات (Attachments) للاستخدام

	الخطأ الشائع في صناعة الطاقة النوويّة	الحلّ
5	عدم إدراج المرفقات (Attachments) كسجلّات (Records).	تأكّد من إضافة المرفقات (Attachments) المعبّأة والموقّعة إلى القسم 6.0، السجلّات (Records).

السجلات (Records) هي مستندات رسميّة تُرسل، عند إكمالها، للحفظ في قسم إدارة الوثائق والسجّلات. ليست كلّ المرفقات (Attachments) سجلّات (Records)، ولكن يجب إدراج المرفقات التي تشكّل سجلّاً في القسم 6.0 وكذلك في القسم 7.0.

معرفة ما إذا كانت المرفقات (Attachments) سجلّات (Records) ليس بالأمر السهل دائماً. تذكّر أنّ السجلّات (Records) تحتوي عادةً على رقم تعريفي للمستند، وتتطلّب إدخالاً للبيانات، وتحتوي على أماكن للتوقيعات والتواريخ.

عندما تكون المرفقات سجلّات، إكتب توجيهات لذلك في الإجراء، واطلب من العمّال كتابة التاريخ، التوقيع، وتقديم السجلّ للحفظ. يجب أن تظهر هذه التوجيهات إمّا في متن الإجراء أو في المرفق نفسه.

الفصل 11

تطبيق كتاب ما لا يجب فعله
(What NOT to Do)

يناقش الفصل 11 الأخطاء التي رأيتها بشكلٍ متكرّر ولسنوات في كتابة الإجراءات. وهي منظّمة بشكل يتيح لك اختيار ما يهمّك منها، ومن الممكن أن تكون إحدى هذه المشاكل قد طرأت عليك وتفكّر في حلّ لها.

الأخطاء المذكورة في هذا الفصل ارتكبها كاتبو إجراءات. والهدف من ذكرها هو التعرّف على ما لا يجب فعله *(What NOT to Do)* والاستفادة من أخطاء الآخرين كي تصبح أفضل في مهنتك.

نُظِّمت الأخطاء وفقاً للمواضيع التالية:

1. كتابة الإجراء بنفس طريقة كتابة مستند آخر
   a) كتابة الإجراء بنفس طريقة كتابة السياسات *(policies)*.
   b) كتابة الإجراء بنفس طريقة كتابة خطط البرامج *(program plans)*.
   c) كتابة الإجراء بنفس طريقة كتابة دليل المستخدم *(user's manual)*.
   d) كتابة الإجراء بنفس طريقة كتابة المواد التدريبيّة *(training material)*.
2. عدم مراجعة الإجراء بشكلٍ كافٍ.
3. تسليط الضوء على الجزء الخاطئ في الإجراء.
4. استخدام التعداد النقطي بدل التعداد الرقمي ممّا يؤدي إلى نقص في المساءلة.
5. تنظيم قوائم التعداد النقطي بشكل غير متسّق.
6. حذف مخطّط ترقيم الخطوات.
7. الخطأ في وضع الأعمال في خانة الملاحظات *(Notes)*.
8. الإشارة إلى أجزاء من الإجراء تمّت إزالتها من الصفحة باستخدام كلمتيّ "*above*" و "*below*".
9. إساءة استخدام الاختصاران ".i.e" و ".e.g" باللّغة الإبجليزيّة.

Cat Stephenson

1. كتابة الإجراء بنفس طريقة كتابة مستند آخر

في بعض الأحيان، يخطأ الكاتبون المبتدئون باستخدام الإجراء لإيصال معلومات لا علاقة لها به. ويسمح بعض المدراء باستخدام الإجراء في غير موضعه لاهتمامهم بإيصال معلومات مهمّة بغض النظر عن كيفيّة إيصالها. لا تكتب الإجراء ليشبه مستنداً آخر. فالإجراء ليس سياسات، وليس خطّة برنامج، وليس دليل مستخدم. لا تكتب إجراءً إذا كانت الفكرة من ورائه تختلف عن الوظيفة الأساسيّة للإجراءات، ألا وهي توجيه العمل (الشكل 11.1).

الإجراءات توجّه العمل

الإجراءات هي مجموعة من التعليمات يجب كتابتها بدقّة متناهية بحيث يتمّ تطبيقها بنفس الطريقة وبنفس النتائج بغضّ النظر عمّن يطبّقها.

الشكل 11.1 – توجّه الإجراءات أداء العمل داخل محطّات الطاقة النوويّة وهذه هي الوظيفة الوحيدة للإجراءات (تصوير جون كليمنت للفوتوغرافيا).

في بعض الأحيان، لا يفهم العاملون الذين لا يعملون في قسم الإجراءات متطلّبات كتابة الإجراءات، كما وقد لا يفهمون الاختلاف بين الإجراء وبين المستندات الأخرى.

الإجراءات هي جزء من مجموعة من المستندات تتألف من ثلاثة أنواع: السياسات (policies)، خطط البرامج (program plans) والإجراءات (procedures). يمكن لسياسة واحدة أن تولّد أكثر من خطّة برنامج واحدة، وتُنشَر الأنشطة المطلوبة لتنفيذ خطط البرنامج في الإجراءات. وفي كثير من الأحيان، هناك حاجة إلى إجراءات متعدّدة للوفاء بالتزامات خطة البرنامج.

الفصل 11 تطبيق كتاب ما لا يجب فعله (What NOT to Do)

التسلسل الهرمي للمستندات

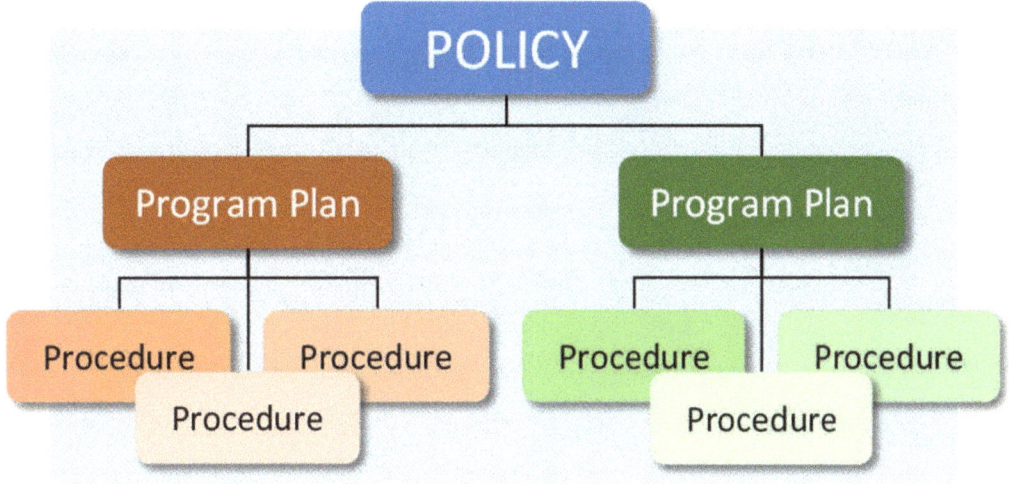

فيما يلي أمثلة ستساعدك إذا كنت قلقًا من احتمال صياغتك للإجراء عن غير قصد ليبدو مثل سياسة أو خطّة برنامج أو دليل مستخدم أو مادة تدريبيّة.

a. كتابة الإجراء بنفس طريقة كتابة السياسات *(policies)*

السياسات هي وثائق إدارية رفيعة المستوى. تصف السياسات القرارات التنفيذيّة واتفاقيّات العقود والمتطلبات التنظيمية لمحطة الطاقة النووية. كما وتصف الاستراتيجيات التي تؤثّر على العمليات، وتقوم بتعيين أصحاب السياسة.

فيما يلي مقتطف من إجراء كُتب بشكل خاطئ كسياسة:

4.3 Conduct for Processing Licensing Document Changes

4.3.1 In meeting its obligations under 10 CFR Parts 20, 50, 73, and 100, the Licensing Department will organize changes to the Final Safety Analysis Report (FSAR). The Licensing Department places a high priority on maintaining content in the FSAR as necessary for compliance with regulatory requirements.

4.3.2 The FSAR will be controlled as a station configuration-management source document per STA-ENG-400-0502, *Processing Configuration Management Changes*.

4.3.3 The Licensing Department will ensure that the FSAR is applied during performance of station safety analyses and that this application is in accordance with current station procedures and policies.

تُكتب العبارات في المثال السابق في سياسات المحطّة وليس في إجراء (بإمكانك معرفة أنّ هذا المقتطف ليس مكتوباً كإجراء لأنّه لا يعكس أداء عمل).

إذا كانت المعلومات في وثيقة السياسات مهمّة للإجراء، أرفق نسخة من الوثيقة (سواء بأكملها أو جزء منها) في القسم 7.0، المرفقات *(Attachments)*.

b. كتابة الإجراءات بنفس طريقة كتابة خطط البرامج *(Program Plans)*

لدى المدراء خطة لكلّ برنامج يديرونه، وقد ينتج عن ذلك عدّة خطط في حال إدارتهم لأكثر من برنامج. تُكتب خطط البرامج كبيانات وصفية، ولا ينبغي كتابتها كسلسلة من التعليمات كما هو الحال في الإجراء. تصف خطط البرنامج طاقم عمل المدير والأنشطة ومعالم البرنامج والجداول الزمنية، وتُكتب التعليمات المحدّدة التي تنفّذ البرامج في الإجراءات، ومن المعتاد كتابة أكثر من إجراء للتنفيذ الكامل لخطة برنامج واحدة.

فيما يلي مقتطف من إجراء كُتب بشكل خاطئ كخطّة برنامج:

4.7 **Recovery Planning**

4.7.1 Recovery planning will commence with general evaluations of station conditions, sitewide reports, and environmental status.

4.7.2 The Crisis Manager is responsible for directing termination of any emergency and transitioning the station to recovery operations.

4.7.3 The Licensing Department will ensure that the FSAR is applied during performance of station safety analyses and that this application is in accordance with current station procedures and policies.

a. Accident investigating and assessing damage.

b. Recovery scheduling and planning.

c. Repairing and restoring station operating conditions.

في هذا المثال ، تتكوّن خطة التعافي *(recovery plan)* من ثلاثة مواضيع فرعيّة:

1. *Accident investigation and damage assessment*
2. *Scheduling and planning recovery activities*
3. *Repairing and restoring operating conditions*

كان يجب كتابةً إجراء منفصل لكلٍّ من المواضيع الفرعيّة المذكورة نظراً لأهميّتها.

c. كتابة الإجراءات بنفس طريقة كتابة دليل المستخدم *(User's manuals)*

تُسلَّم المعدّات إلى محطّات الطاقة النووية مع دليل المستخدم الذي يسرد مكوناتها ويصف عمليّة التجميع ويشرح وظائفها. قد تبدو الإجراءات التي توجّه استخدام المعدّات وكأنها دليل مستخدم، لكنّ ذلك ليس الهدف من الإجراء .

الفصل 11 ← تطبيق كتاب ما لا يجب فعله (What NOT to Do)

فيما يلي مقتطف من إجراء كُتب بشكل خاطئ كدليل مستخدم:

> 4.2 Preparing for Cable Termination Installation
>
> 4.2.1 Parts in the kit require visual inspection for possible damage prior to installation.
>
> 4.2.2 Drawings and joining instructions can NOT be changed without approval of Lead Engineer.
>
> 4.2.3 The sealing end supporting structure and the joining shelter should be designed to avoid obstruction to straightening the cable into its permanent vertical position.
>
> 4.2.4 To join the conductors, the following equipment is used:
> - Punching press with relevant pump
> - Guild block for copper conductors
> - Punch suitable for relevant cable cross-section

تكمن مشكلة هذا الإجراء في أنه مكتوب كمجموعة من البيانات حول مواصفات المعدات. وإذا كان تشغيل المعدات جزءاً من أداء الإجراء، فمن الأفضل كتابة ذلك كعمل يجب تأديته لأنّ الإجراءات مكتوبة للأشخاص لتوجيه العمل الذي يجب عليهم القيام به؛ فالإجراءات لا تعتبر بيانات حول مواصفات المعدات.

إذا كان من الضروريّ إضافة معلومات عن المعدّات، بإمكانك إرفاقها في القسم 7.0، المرفقات (Attachments).

d. كتابة الإجراءات بنفس طريقة كتابة المواد التدريبيّة (Training Material)

في بعض الأحيان، وفي حال عدم وجود برامج تدريب جيّدة في المحطّة، تُستخدم الإجراءات لنقل مواد التدريب، مثل الخلفية والتاريخ والنظرية. هذه المعلومات موجودة عادةً في خطط درس، التي هي وثائق إرشاديّة يستخدمها المدرّبون عند تأهيل العمّال لأداء العمل. إنّ مواد التدريب ليست ضروريّة لأداء الإجراء (من منطلق أنّ العمّال المكلّفين بتنفيذ الإجراء يكونو قد خضعوا للتدريب والتأهيل قبل تكليفهم بالمهمّة)، وتضمين مادة تدريبية في إجراء ما يشكّل ضرراً للعامل لأنّه يصعّب عليه إيجاد العبارات التي تعكس أداء العمل داخل النص الذي لا يبدو كإجراء.

يوضح المثال التالي كيف يمكن أن يُثقل الإجراء بمواد تدريبيّة غير ضروريّة:

4.5 Performing Vehicle Search

4.5.1 It is important to understand that items of contraband include any type of explosive material, weapons, illegal drugs, and alcohol.

4.5.2 When performing vehicle search, remember to assemble all required search equipment (personal protective equipment, undercarriage mirror, swabs for obtaining swipe of steering wheel, compartments, etc.).

4.5.3 In accordance with 10CFR73.55, ensure that the search process is being monitored by another armed security officer as well as under camera observation by an Alarm Station Operator.

على الرغم من وصف هذا النص للمهام الاعتياديّة لموظّف الأمن النووي بشكل صحيح، إلا أنّه لا يمثّل العمل الفعليّ الذي يتعيّن القيام به. فبدلاً من ذلك، يجب كتابة تعليمات هذا الإجراء بالترتيب الصحيح بحيث توجّه ضبّاط الأمن النووي للأداء التفصيلي اللازم لكيفيّة القيام بتفتيش المركبة خطوة بخطوة.

2. عدم مراجعة الإجراء بشكلٍ كافٍ

تقلّ جودة الإجراءات عندما لا تتمّ مراجعتها بشكل كافٍ. أجرى فريق عمل الدروس المستفادة من حادث جزيرة الثلاثة أميال، والمكوّن من خبراء متعدّدي التخصصات من مهندسين وعلماء تابعين لهيئة التنظيم النووي بالولايات المتحدة، تحقيقاً بعد الحادث في عام 1979. وقد كانت إحدى المشكلات التي تم تحديدها هي المراجعة غير المرضية:

"The Task Force has found the Nuclear Regulatory Commission review process for emergency procedures to be inadequate and is recommending that present practice be changed to provide for interdisciplinary review of emergency procedures as part of the operating license review process (US NRC 1979)."

بعد أن عملت هيئة التنظيم النووي الأمريكيّة على زيادة التوعية بأهميّة مراجعة الإجراءات، طُلب من العاملين من جميع التخصّصات ذات الصلة قراءة مسوّدات الإجراءات وتقييمها مع وجود مراجعين من قسم إدارة السلامة وقسم ضمان الجودة. بمرور الوقت، أصبحت معايير المراجعة أقلّ صرامة. فمن الشائع الآن أن يختار كاتبو الإجراءات المراجعين من التخصّصات ذات الصلة بالإجراء فقط. وتكمن المشكلة في أنّ معايير المراجعة ما بعد جزيرة الثلاثة أميال لم تعد مطلوبة. إنظر في مزايا تضمين متخصّصي السلامة وضمان الجودة في عملية مراجعة الإجراء:

يذكر المتخصّصون في إدارة السلامة أنّهم عندما يقومون بتقييم الإجراءات، فإنهم يقرؤون كلّ خطوة من خطوات العمل، وبالاعتماد على خبرتهم وملاحظاتهم ومعلومات السلامة والفطرة السليمة، يسألون: "ما الخطأ الذي يمكن أن يحدث؟" يؤدّي حذف المتخصصين في إدارة

الفصل 11 تطبيق كتاب ما لا يجب فعله (What NOT to Do)

السلامة من مراجعات الإجراءات إلى عدم تحديد المواقف الضارة وعدم استبدالها بعمليات لن تعرّض العمال للمخاطر.

بحسب ممثّلي ضمان الجودة، فإنّهم عندما ينظرون في مسوّدة الإجراءات، يحدّدون ما إذا كانت التعليمات تتوافق مع السياسات والمتطلبات التنظيمية. وتكمن فائدة إشراك مراجعين من قسم ضمان الجودة في أنّهم يراقبون أداء العمل من بعيد. يقيّم ممثلو ضمان الجودة الامتثال للمتطلّبات وتوفّر مشاركتهم ضمانًا بأنّ مسودة الإجراء تتوافق مع المبادئ العامة لأداء وظيفي آمن ودقيق.

لذلك، يُنصح بتسليم مسوّدة الإجراء لفريق متعدّد التخصّصات لمراجعته، مع وجود ممثّلين عن المتخصّصين في أداء الإجراء بالإضافة إلى ممثّلين من الأقسام التالية:

1. الإدارة: يقدم المديرون نظرة عامة فريدة على العمليّات التي يتم توثيقها.
2. ضمان الجودة: يتحقق مراجعو ضمان الجودة من أن العمليّات تلتزم بسياسات المحطة والمتطلّبات الحاكمة.
3. السلامة: يراجع أخصائيو إدارة السلامة المواقف التي قد يتعرّض فيها العمال لانزلاق أو تعثّر أو صدمات كهربائية أو مخاطر أخرى خلال أداء الإجراء.
4. التدريب: يقوم المدرّبون بتقييم الإجراءات وتحويل محتوى الإجراء إلى خطط دروس. تساعد مراجعاتهم في تحديد ما إذا كانت هناك أية أنشطة مفقودة في مسوّدة الإجراء.
5. الترخيص: يتأكّد ممثّلو قسم الترخيص من أنّ الدروس المستفادة من الخبرات التشغيلية مدرجة في الإجراء.
6. الأداء البشري: يقوم ممثلو الأداء البشري بتقييم المسوّدة بحثًا عن نقاط ضعف قد تؤدّي إلى حدوث خطأ بشري أو قد تخلق أحداثًا غير مرغوب فيها.

يعدّ طلب المراجعات من الموظّفين من خارج فريق العمل طريقة جيّدة لتجنّب التهاون، لأنّ التهاون يحدث عندما يكون العمّال على دراية بوظيفة ما لدرجة أنّهم يفترضون أن الإجراء الذي يراجعونه خالٍ من الأخطاء. في إحدى المرّات، راجعت إجراء صيانة تتطلّب إكمال العديد من المهام. في منتصف مراجعتي، رأيت أنّ التعليمات ناقصة وأنّ الأنشطة غير مكتملة، وكان من الواضح أنّ جزءاً من النصّ كان محذوفاً. عرضت المستند على مهندس الصيانة المسؤول عن الإجراء، وشعر بالحرج عندما اكتشف أن جزءاً من التعليمات حُذف عن طريق الخطأ أثناء المراجعة التي أجريت قبل ذلك بخمس مراجعات، أي قبل سنوات. تفكّر في الأمر: تمّت مراجعة المستند خمس مرّات دون أن يلاحظ أحد الجزء المحذوف من النصّ، والسبب في ذلك يعود إلى تهاون المراجعين بسبب معرفتهم بوجود عمّال آخرين كانوا يراجعون الإجراء، فلم يتوّقعوا العثور على أخطاء وتوقّفوا عن الوفاء بالتزاماتهم كمراجعين.

يجب النظر إلى الفرق متعدّدة التخصصات على أنها أدوات لمنع أخطاء الأداء البشري مصمّمة لتوقّع ومنع وتحديد الأخطاء في مسوّدات المستندات. استفد من فرصة جمع مدخلاتهم، واشمل دائمًا المراجعين من قسم السلامة وقسم ضمان الجودة.

3. تسليط الضوء على الجزء الخاطئ في الإجراء

شيء آخر لا يجب فعله (*what NOT to do*) هو تسليط الضوء على الجزء الخاطئ في الإجراء.

إنظر في المثال التالي وعلى ماذا يركّز:

> 4.2.3 If the following facilities are occupied:
> - Public Information Center
> - Station Entry Processing Centers North and West
> - North Building and Cafeteria
> - Station Training Center
> - Environmental Laboratory
> - Warehouses East and North
> - 500 Kv Switchyard and Switchyard Guard Shack
> - Plant Sewage Treatment Building
> - Cooling Water Intake Facility
> - Security Building West
>
> Then the Incident Commander will ensure personnel in these facilities are evacuated.

تركّز العبارة الافتتاحيّة على سرد المرافق، وعندما الاستمرار في القراءة نلاحظ أنّ الفقرة تتعلّق بإجلاء الموظّفين. في محطات الطاقة النووية، يعدّ إجلاء العمّال إجراءً احترازيًّا هامّاً وحيويّاً. يهدف الإخلاء إلى حماية العمّال في حالات الطوارئ.

في المثال السابق، يجب عليك، ككاتب إجراء، تسليط الضوء على السلامة. لذلك، اكتب الفقرة بحيث تكون أهمّ معلومة (إجلاء الموظّفين) في بداية البيان:

> 4.2.3 The Incident Commander will ensure personnel are evacuated from the following facilities:
> - Public Information Center
> - Station Entry Processing Centers North and West
> - North Building and Cafeteria
> - Station Training Center
> - Environmental Laboratory
> - Warehouses East and North
> - 500 Kv Switchyard and Switchyard Guard Shack
> - Plant Sewage Treatment Building
> - Cooling Water Intake Facility
> - Security Building West

الفصل 11 ✤ تطبيق كتاب ما لا يجب فعله (What NOT to Do)

4. استخدام النقاط بدلاً من الأرقام لتعداد خطوات الإجراء ممّا يؤدّي إلى نقص في المساءلة

في دليل الكاتب في مجال صناعة الطاقة النووية، يُسمح بتنظيم التعليمات باستخدام النقاط بدلاً من الأرقام. والسبب هو إمكان تنفيذ التعليمات المنقّطة <u>بأيّ ترتيب كان</u>. على الرغم من أن استخدام النقاط مسموح به، إلّا أنّني أنصح كاتبي الإجراءات بعدم استخدامها واعتبارها أمرًا آخر لا يجب عليهم فعله (what NOT to do).

يصبح الإجراء ركيكاً لدى ترتيب التعليمات باستخدام النقاط لأنّ التعليمات تكون على نفس المستوى وتتشابه في الترتيب عند النظر إليها ممّا يفسح مجالاً للخطأ البشريّ. فقد يقوم العامل، على سبيل المثال بأداء العمل الموجود في النقطة السادسة في الوقت الذي يكون فيه العمل المطلوب موجود في النقطة الخامسة.

وذلك بالإضافة إلى أنّ خطوات العمل غير المرقّمة تؤدّي إلى عدم المساءلة، كما هو موضّح في المثال التالي:

4.0 Instructions

4.1 If any of the following conditions are achieved, the Control Room Supervisor will direct personnel to return to their workstations:

- The Control Room issues an "All Clear"
- The Incident Commander verifies the sounding alarm is false
- The Incident Commander confirms accountability is completed for all evacuated personnel

لدى كتابة تقرير ما بعد الحادث، هل بإمكان مشرف غرفة التحكّم أن يذكر أرقام الخطوات إذا كانت التعليمات مكتوبة كما في المثال السابق، أم أنّ عليه أن يدلّ على الخطوات بذكر ترتيب النقاط ككتابة العبارة التالية:

"Step 4.1, third bullet was implemented"

فيما يلي إعادة كتابة لنفس المثال السابق لكن مع استخدام الأرقام لترتيب الخطوات:

4.0 Instructions

4.1 If ANY of the three following actions is achieved, the Control Room Supervisor will direct personnel to return to their workstations:

4.1.1 The Control Room issues an "All Clear."

4.1.2 The Incident Commander verifies the sounding alarm is false.

4.1.3 The Incident Commander receives confirmation that accountability is completed for all evacuated personnel.

في هذا المثال، تمّ توضيح سياق التعليمات قبل سرد الخطوات بحيث يكون واضحاً للعمّال أيّ خطوة من الخطوات الثلاثة المذكورة ضروريٌ لإعادة توجيه الموظفين، وبإمكان مشرف غرفة التحكّم، في حال كتابته لتقرير ما بعد الحادث، أن يبلّغ بدقة رقم الخطوة المُنفّذة استجابةً لإصدار صوت إنذار طارئ بكتابة عبارة كالتالية: "*Step 4.1.3 was implemented.*"

يتنج عن استخدام النقاط بدلاً من الأرقام مشكلة أخرى وهي عدم القدرة على الإسناد الترافقي للتعليمات. تحتوي نماذج الإجراءات عادةً على أرقام خطوات بتمكين وحدات الماكرو،[3] ولدى إضافة خطوات عمل في نموذج الإجراء، يتمّ ضبط ترقيم الخطوة تلقائيًا، كما ويتمّ ضبط الإسنادات الترافقيّة إلى الخطوات الأخرى وتغيير مكان الخانات المرتبطة بالخطوات. لا تحدث أي من هذه التعديلات إذا استُخدمت النقاط بدلاً من الأرقام.

5. تنظيم قوائم التعداد النقطي بشكل غير متسّق

تعدّ قوائم التعداد النقطي من الأدوات المفيدة. لكنّني أوصي باستخدامها لسرد مجموعة من العناصر فقط لا غير، كسرد قائمة بالألقاب المهنيّة أو المعدّات أو أسماء الأبنية.

بالإضافة إلى ما سبق، لاحظت أيضاً عدم الاتسّاق في كيفيّة ترقيم قوائم التعداد النقطي باللغة الإنجليزية، وهو أمر يمكن ملاحظته بسهولة عند قراءة إجراءات محطة الطاقة النووية حيث ستجد أنّ استخدام علامات الترقيم التي تفصل بين الجمل في قوائم التعداد النقطي غير متسّق، فتُستخدم النقطة أحياناً، والفاصلة أو الفاصلة المنقوطة أحياناً أخرى، كما قد تُستخدم الفاصلة، النقطة والفاصلة المنقوطة في إجراء واحد أو لا تُستخدم أيّ علامة ترقيم على الإطلاق! لا تستخدم علامات الترقيم للفصل بين الجمل في قوائم التعداد النقطي، أي لا ترقّم نهايات الجمل كما هو موضّح في الشكل 11.2.

لتوفير الوقت والجهد، عليك ككاتب إجراء استخدام قوائم التعداد النقطي لسرد عناصر، حذف علامات الترقيم الفاصلة بين الجمل في قائمة التعداد النقطي والقيام بذلك بشكلٍ نسقيّ.

---

[3] المقصود هنا وحدات الماكرو الموجودة على "وورد" أو "إكسل" (*macro enable*).

الفصل 11 تطبيق كتاب ما لا يجب فعله (What NOT to Do)

قوائم التعداد النقطي الصحيحة والخاطئة
صح ✓

الشكل 11.2 – لا ترقّم نهايات الجمل في قوائم التعداد النقطي وقم بذلك بشكلٍ نسقيّ.

6. حذف مخطّط ترقيم الخطوات

تناولنا في النقطة رقم 4 مشكلة سرد خطوات العمل باستخدام قوائم التعداد النقطي بدلاً من التعداد الرقمي. ولكن هناك نقطة أخرى قد تضعف من صياغة الإجراء وهي عدم استخدام قوائم التعداد عند سرد التعليمات، سواء كان التعداد نقطي أو رقمي.

إقرأ مثلاً التعليمات الإجرائية التالية، والتي تعطي إرشادات للغوص الصناعي في محطة طاقة نووية (الغواصون الصناعيّون هم غواصون محترفون يقومون بعمليات التفتيش تحت الماء والصيانة الوقائية لسفن المفاعلات، وبرك الوقود، وبِرك الإخماد ، وأنظمة السحب والتفريغ، وأبراج التبريد). المثال التالي يوضّح صياغة الإجراءات التي تعطي الكثير من المعلومات في خطوات عمل غير مرقّمة.

4.0 Instructions

4.1 Performing Dive Prechecks

The Diving Coordinator will check the procedure and risk assessment prior to directing transportation and set up of equipment at the Dive Control Point. If the operation requires a dive over 100 Feet of Salt Water (FSW), the Dive Coordinator will ensure a decompression chamber is included among the equipment. All system operations that could impact the dive will be identified, and clearance hold orders will be issued for applicable systems, and system equipment will be tagged out and locked out. The Dive Crew will inspect equipment that will be used and will be briefed on systems operations and equipment configuration.

Divers will don wet suits that fit snug and are of thickness appropriate for dive conditions. Booties, gloves, and hood will be worn as conditions warrant. Suits will be checked prior to being donned. Seals will be adjusted to fit correctly. Zips will be closed fully and checked by the Diver or, if assistance is needed, by the Standby Diver.

The Standby Diver will prepare to support operations as directed by the Diving Coordinator by completing pre-dive checks, verifying equipment is clean and functioning, and remaining available to assist at the Dive Control Point. The Standby Diver will perform no other assignments other than to assist the Diving Coordinator without hampering availability to provide in-water support.

ربما كان الكاتب الذي كتب هذه التعليمات يحاول أن يفيد العمّال من خلال تزويدهم بجميع المعلومات المتاحة حول عمليّة الغوص الصناعي، لكن ما ينتج عن هذه الصياغة هي وظيفة مثقلة بالمعلومات التي لا تدفع العمّال إلى التقدّم في عملهم.

كيف يمكن للعمّال العثور على إجراءات محدّدة في نصّ طويل كذلك الموجود في هذا المثال؟ كيف يمكنهم تتبّع التقدم في الوظيفة إذا لم تكن التعليمات مرقّمة؟ فمن غير المسؤول أن يطلب المدير من العمّال التحقق من تنفيذ الإجراءات الواردة في الصفحة 15، الفقرة الثالثة بكتابة:

"Verify that actions on Page 15, third paragraph, are implemented."

بالإضافة إلى ذلك، لا يمكن ربط خانات مثل إشارة الحظر (من أدوات الأداء البشري المهمة) بشكل صحيح إذا كانت التعليمات غير مرقّمة.

لحسن الحظ، لا يعتبر هذا الخطأ من الأخطاء الشائعة، لكنّ تأثير هذه الممارسة الكتابيّة غير الصحيحة كبير لدرجة أنّه يجب إدراجها ضمن الأمور التي لا يجب فعلها/*What NOT to Do*.

الفصل 11 تطبيق كتاب ما لا يجب فعله (What NOT to Do)

7. الخطأ في وضع الأعمال في خانة الملاحظات (Notes)

إذا رأى كاتبو الإجراءات أن المعلومات التكميليّة ستساعد العمّال على أداء العمل، بإمكانهم وضعها في خانة الملاحظات (Notes) كما هو موضّح في المثال التالي الذي يتناول موضوع الاستجابات الطبيّة الطارئة في محطّة طاقة نوويّة:

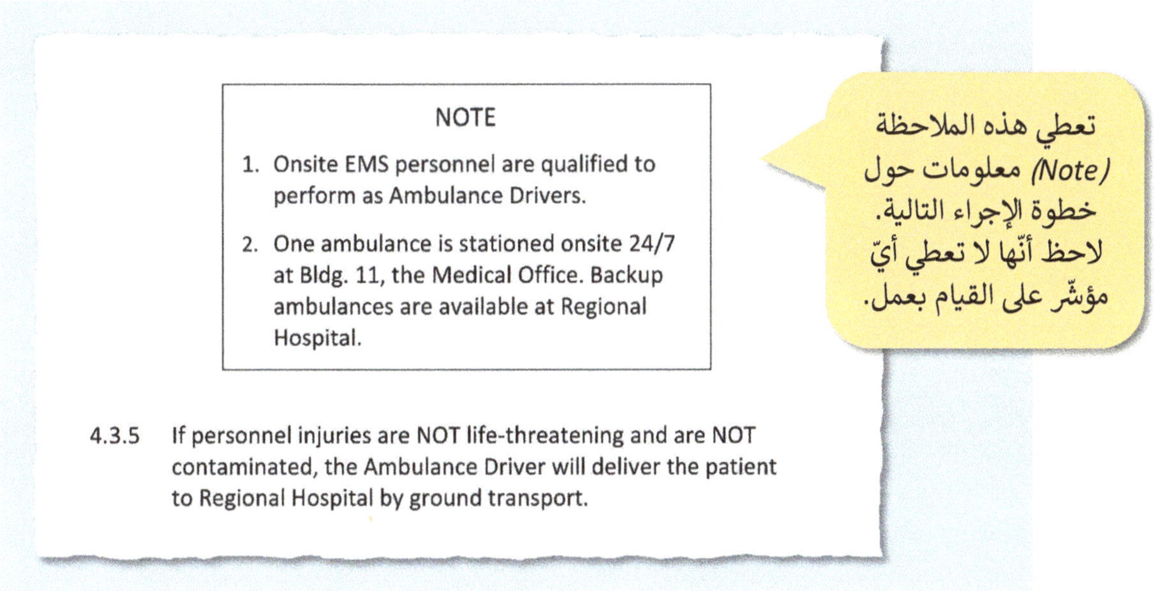

NOTE

1. Onsite EMS personnel are qualified to perform as Ambulance Drivers.
2. One ambulance is stationed onsite 24/7 at Bldg. 11, the Medical Office. Backup ambulances are available at Regional Hospital.

4.3.5 If personnel injuries are NOT life-threatening and are NOT contaminated, the Ambulance Driver will deliver the patient to Regional Hospital by ground transport.

تعطي هذه الملاحظة (Note) معلومات حول خطوة الإجراء التالية. لاحظ أنّها لا تعطي أيّ مؤشّر على القيام بعمل.

قد تحتوي الملاحظات (Notes) على عبارتين أو ثلاث عبارات تكميليّة، ولكن تجنّب إدراج أكثر من ذلك. لقد قمت بتحرير ملاحظة (Note) تحتوي على سبعة بيانات ذات تعداد نقطي. وقد كان من الواضح أنّ كاتب الإجراءات لم يفكر جيدًا في عمليّة أداء العمل وكان يجب عليه كتابة بعض هذه الملاحظات كخطوات عمل.

الممارسات الجيّدة عند كتابة الملاحظات (Notes) هي:

1. عدم كتابة التعليمات في الملاحظات (Notes).
2. كتابة الملاحظات (Notes) كجمل موجزة.
3. إذا كتبت العديد من العبارات في ملاحظة (Note)، فتأكّد من أنّ جميعها يتعلّق بالتعليمات المعمول بها.
4. لا تكتب أكثر من عبارتين أو ثلاثة، مع تعدادهم رقمياً.

اكتب الملاحظة (Note) والتعليمة التي تنطبق عليها الملاحظة (Note) في نفس الصفحة. ضع الملاحظة (Note) دائماً قبل التعليمة المرتبطة بها. قم بتأمين هذه العلاقة باستخدام خيار "Keep with Next" على مايكروسوفت وورد. يمنع خيار "Keep with Next" حدوث فاصل صفحة بين الملاحظة (Note) والتعليمة الخاصة بها (فمن غير المحبّذ قراءة ملاحظة (Note) في أسفل صفحة عندما تكون التعليمة المرتبطة بها موجودة في الجزء العلوي من الصفحة التالية).
كما الملاحظات، عليك توخّي الحذر عند كتابة التحذيرات (WARNINGs) والتنبيهات (CAUTIONs). مثل الملاحظات، يجب ألّا تحتوي التحذيرات (WARNINGs) أو التنبيهات

(CAUTIONs) على تعليمات. ويجب على كاتبي الإجراءات تجنّب الخلط بين أغراض كلّ من التحذيرات والتنبيهات:

- تنبّه التحذيرات (WARNINGs) العمّال إلى ظروف العمل التي قد تؤدي إلى إصابة الأفراد أو فقدان الأرواح.
- تحذّر التنبيهات (CAUTIONs) العمّال من الظروف التي قد تؤدي إلى تلف أو تدمير معدّات المحطّة.

راجع دليل كاتب المحطّة التي تعمل بها للحصول على إرشادات حول صياغة التحذيرات (WARNINGs) والتنبيهات (CAUTIONs).

8. الإشارة إلى أجزاء من الإجراء تمّت إزالتها من الصفحة باستخدام كلمتيّ "above" و "below"

يضيف كاتبو الإجراءات أدوات مساعدة للمستخدم بغرض التوضيح، مثل الجداول والمخطّطات والرسوم البيانية، ثمّ يشيرون إليها في التعليمات، فمثلاً، يكتبون عبارة كالتالية:

"Managers should refer to the Table above for a listing of Human Performance Department corrective actions."

لسوء الحظ، قد ينظر القارئ إلى "أعلى" الصفحة (كما هو مكتوب في المثال السابق "above") ولا يجد الجدول! في حين أنّه كان موجوداً أعلى الصفحة (above) عند إصدار المراجعة 00 للإجراء ونُقِل إلى موقع آخر من الصفحة خلال المراجعة 03 (الشكل 11.3).

تتمّ مراجعة الإجراءات بشكل متكرّر، ممّا يتسبّب في انتقال المحتويات من صفحة إلى أخرى. لتحرّي الدقّة، يرجى الإشارة إلى الأدوات المساعدة للمستخدم باستخدام كلمة "السابقة" (preceding) بدلاً من "أعلاه" (above)، وكلمة "التالية" (following) بدلاً من "أدناه" (below).

هناك طريقة أخرى لتحرّي الدّقة عند الإشارة إلى الأدوات المساعدة للمستخدم وهي إضافة عناوين أو أرقام تعريف للأدوات المساعدة للمستخدم كالجداول والرسوم البيانيّة. تساعد هذه الممارسة على جعل الإجراء الذي يحتوي على العديد من الأدوات المساعدة للمستخدم أكثر وضوحاً. اكتب تعليمة تشير إلى الأداة المساعدة للمستخدم، ثم اربطها بالتعليمة باستخدام الإسناد الترافقي الإلكتروني، وبذلك سينتقل الجزءان معاً إذا تمّ تغيير صفحات الإجراء خلال المراجعات، ولا يمكن حذف أي منهما عن غير قصد، فعند ربطهما إلكترونيّاً، لا يمكن حذف أحد الأجزاء دون إزالة الجزء الآخر أيضًا من الإجراء.

الفصل 11 ← تطبيق كتاب ما لا يجب فعله *(What NOT to Do)*

حدّد موقع الأدوات المساعدة للمستخدم من خلال أرقام تعريف المستندات المرتبطة بها

في أوّل نسخة من الإجراء، كانت الإشارة للقائمة المرجعيّة بعبارة:

"*...above* OJT checklist"

صحيحة

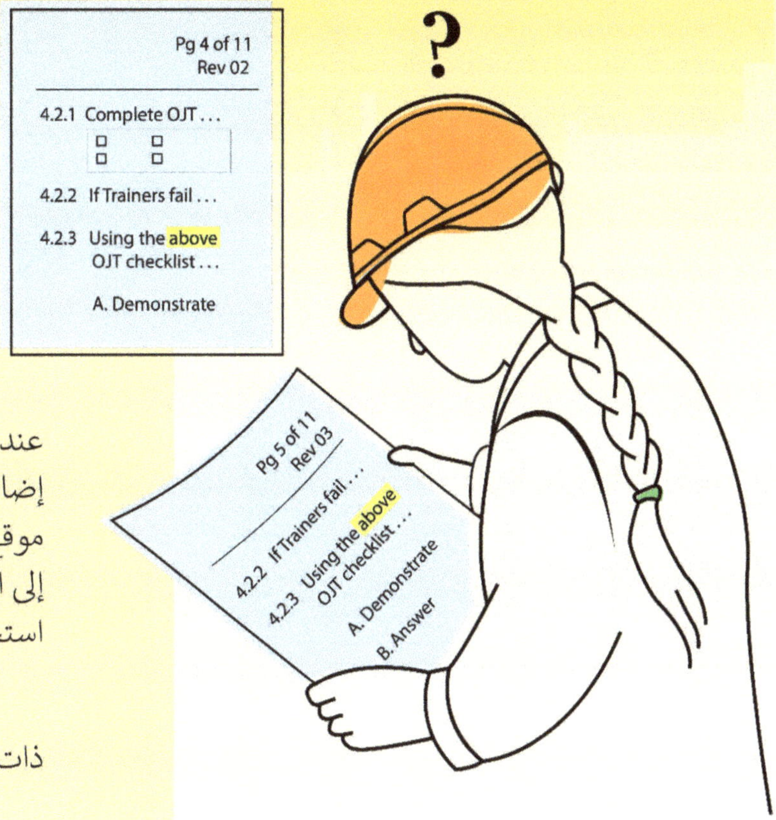

عند إصدار نسخة مراجعة، تمّ إضافة فقرات ممّا غيّر من موقع القائمة المرجعيّة ونقلها إلى الصفحة التالية، فلم يعد استخدام عبارة:

"*...using the above* OJT checklist"

ذات صلة.

الشكل 11.3 — يمكن أن تؤدّي الإشارة إلى الأجزاء بكلمتيّ "أعلاه" *(above)* أو "أدناه" *(below)* إلى إرباك العامل. عندما يتمّ ربط أرقام تعريف المستندات إلكترونيًّا بالأدوات المساعدة للمستخدم، ستتمّ الإشارة إلى الأداة المساعدة للمستخدم بشكل أكثر دقّة.

9. إساءة استخدام الاختصاران "*i.e.*" و "*e.g.*" باللّغة الإبجليزيّة

عند الكتابة باللغة الإنجليزية، كثيرًا ما يستخدم كاتبو الإجراءات الاختصارات "*i.e.*" و "*e.g.*" بشكلٍ خاطئ حيث يخلطون بينهما في كثير من الأحيان، فيكتبون أحد الاختصارين في موضع الآخر. قد يعود السبب في ذلك بأنّهم لا يفهمون الفرق بين المصطلحين. العلاج البسيط هو معرفة الكلمات الدالّة على الاختصارين لإظهار معناهما، وحينها سيكون استخدام أحدهما خاطئ.

الاختصار "*i.e.*" يعني "*that is...*"، ويستخدم لتوضيح عبارة سابقة. على سبيل المثال:

"Workers must don double hearing protection when working in an Extremely High Noise Area, i.e., an area where the sound pressure level either continuously or intermittently equals or exceeds 100 dBA."

تدلّ عبارة "*that is*" على إعادة صياغة، كأنّنا نقول "*in other words*". من النادر استخدام هذا المفهوم في إجراءات محطّات الطاقة النوويّة.

يجب أن توضّح الإجراءات ما هو المقصود بشكل مباشر. تجنّب استخدام "*i.e.*"؛ ففي المثال السابق، يجب وضع المعلومات التي تلي "*that is*" في القسم 2.0، التعريفات والمصطلحات المختصرة (*Definitions and Acronyms*) كتعريف لعبارة "*Extremely high noise area*".

> "*e.g.*" الاختصار "*e.g.*" يعني "*for example*"، ويستخدم لإعطاء مثال نموذجيّ كما في الجملة التالية:
>
> *"The Security Force will coordinate with the Health Physics group to identify ALARA restrictions, e.g., Radiation Work Permit prerequisites."*

تستخدم عبارة "*for example*" بكثرة في الإجراءات، لكن في بعض الأحيان، يستخدم كاتبو الإجراءات الاختصار "*i.e.*" للدلالة عليها بدلاً من الاختصار الصحيح "*e.g.*". من الأفضل إذاً كتابة عبارة "*for example*" بدلاً من الاختصار.

الفصل 12

إنجاز العمل

كي تتمّ عمليّات محطات الطاقة النوويّة بشكلٍ موثوق، على جميع العمّال القيام بوظائفهم بأمان ودقّة، ويتضمّن ذلك كاتب الإجراءات، وذلك لأنّ كاتب الإجراءات يساهم في خلق أنظمة تعمل بشكل صحيح وفي سلامة المصنع تمامًا مثل العاملين في أقسام العمليّات، والسلامة، والفيزياء الصحيّة، والأدوات والضوابط، والأقسام الأخرى.

أنقل إليك في هذا الكتاب الدروس التي تعلّمتها خلال عملي كمحرّرة في صناعة الطاقة النوويّة لأكثر من 25 عامًا كي تطبّقها عندما يُطلب منك كتابة إجراء. فكّر في الوظيفة التي سيؤدّيها زملاؤك العمّال بدلاً من التفكير في كمّ الصفحات التي ستكتبها. يعتمد هؤلاء العمّال عليك للحصول على تعليمات مكتوبة بوضوح كي تتمّ عمليّة الإجراء بأمان.

تذكّر النقاط التالية فبل البدء بكتابة الإجراء:

1. الهدف الوحيد من الإجراء هو شرح ووصف كيفيّة أداء عمل.
2. تُكتب الإجراءات باستخدام نماذج، ويتناول كلّ قسم من أقسام النموذج موضوعاً محدّدًا، فتأكّد من كتابة المعلومات ذات الصلة بموضوع كلّ قسم.
3. يجب أن يكون محتوى الإجراء منظّمًا، منطقيًّا، ومكتوبًا بلغة واضحة دون إسهاب.
4. يجب تضمين ممثّلين من قسم ضمان الجودة ومن قسم السلامة في مراجعات مسودّات الإجراء.
5. تأكّد من عدم ترك صفحات بيضاء في نموذج الإجراء. إكتب كلمة *"None"* في حال عدم احتواء قسم من أقسام الإجراء على معلومات.
6. يجب أن توجّه التعليمات العمّال لاستخدام المرفقات *(Attachments)* والمراجع *(References)* والسجلّات *(Records)* ويجب إضافة تعليمات توضّح كيفيّة استخدامهم.
7. يجب أن توفّر الإجراءات جميع المعلومات التي يحتاجها زملاؤك العمّال لأداء المهام بأمان وبنفس الطريقة، ولتحقيق نفس النتائج في كل مرّة يُنفّذ فيها الإجراء، بغض النظر عمّن ينفّذه.

إنّ مسؤوليّتك ككاتب إجراءات مسؤوليّة كبيرة، وهي سبب قراءتك لهذا الكتاب. استخدم هذا الكتاب لإمدادك بمعلومات لن تجدها في دليل كاتب المحطة. وإذا كنت قلقًا من احتمال ارتكابك لخطإٍ ما، وهو أمرٌ شائع عند كتابة الإجراءات، تذكّر أنّ هذا الكتاب سيفيدك، إدرس المعلومات الموجودة فيه وطبّقها كي تعرف ما لا يجب عليك فعله *(what NOT to do)*.

المراجع التي تستخدمها الكاتبة

فيما يلي المراجع التي أستعين بها عندما أكتب أو أراجع إجراء موجّه لصناعة الطاقة النوويّة. بإمكانك الاستفادة من هذه المراجع عند كتابة إجراء.

- Bernstein, Theodore M. 1978. *The Careful Writer, A Modern Guide to English Usage.* New York: Free Press.

- European Nuclear Society. *Nuclear Glossary.* https://www.euronuclear.org/scientific-resources/nuclear-glossary/

- International Atomic Energy Agency. 1998. *Good Practices with Respect to the Development and Use of Nuclear Power Plant Procedures.* IAEA-TECDOC-1058. Vienna.

- International Atomic Energy Agency. 2015. *Nuclear Security Series Glossary.* Version 1.3. Vienna.

- International Atomic Energy Agency. 2019. *IAEA Safety Glossary, Terminology Used in Nuclear Safety and Radiation Protection.* 2018 ed. Vienna.

- Institute of Nuclear Power Operations. 2008. *INPO Technical Writing & Document Standards Manual.* Atlanta.

- Institute of Nuclear Power Operations. 2009. *INPO Good Practice: Procedure Use and Adherence.* INPO 09-004. Atlanta.

- US Nuclear Regulatory Commission. 2002. *The Human Performance Evaluation Process: A Resource for Reviewing the Identification and Resolution of Human Performance Problems.* NUREG/CR-6751. Washington DC.

- US Nuclear Regulatory Commission. 2013. *Glossary of Risk-Related Terms in Support of Risk-Informed Decisionmaking.* NUREG 2122. Washington DC.

- US Nuclear Regulatory Commission. 2016. *Collection of Abbreviations.* NUREG-0544, Rev. 5. Washington DC.

- US Nuclear Regulatory Commission. 2017. *Glossary of Security Terms for Nuclear Power Reactors.* NUREG-2203. Washington DC.

- University of Chicago Press Editorial Staff. *The Chicago Manual of Style.* Chicago: University of Chicago Press.

- US Nuclear Regulatory Commission. *Glossary.* https://www.nrc.gov/reading-rm/basic-ref/glossary.html.

- World Nuclear Association. Nuclear Glossary. https://www.world-nuclear.org/information-library/facts-and-figures/nuclear-glossary.aspx

المراجع

الفصل 1

Canadian Nuclear Safety Commission (CNSC). 2019. *Human Performance Management-Human Factors.* REGDOC-2.2.1. Ottawa.

Consejo de Seguridad Nuclear (CSN). *Nuclear Safety–Personnel Licenses.* Accessed 1 February 2021. https://www.csn.es/en/seguridad-nuclear/licencias-de-personal.

Electronic Code of Federal Regulations (E-CFR). *Quality Assurance Criteria for Nuclear Power Plants and Fuel Reprocessing Plants.* Title 10 "Energy," Appendix B to Part 50. Accessed 1 February 2021. https://www.law.cornell.edu/cfr/text/10/appendix-B_to_part_50.

Federal Authority for Nuclear Regulation (FANR). 2011. *Regulation for Management Systems for Nuclear Facilities.* FANR-REG-01, Vers. 0. Abu Dhabi.

International Atomic Energy Agency (IAEA). 1998. *Good Practices with Respect to the Development and Use of Nuclear Power Plant Procedures.* IAEA-TECDOC-1058. Vienna.

International Atomic Energy Agency (IAEA). 2016. *Country Nuclear Power Profiles—India and Vienna.* Austria.

Office for Nuclear Regulation (ONR). 2017. *Procedure Design and Administrative Controls.* NS-TAST-GD-060, Rev. 3. United Kingdom.

Turkish Atomic Energy Authority (TAEA). 2016. *A Full Report to the 7th Review Meeting of Convention on Nuclear Safety.* Republic of Turkey.

الفصل 2

International Atomic Energy Agency (IAEA). 2019. *IAEA Safety Glossary, Terminology Used in Nuclear Safety and Radiation Protection.* 2018 ed. Vienna.

International Atomic Energy Agency (IAEA). 2020a. *OSART Good Practices; Chemistry Program: Rajasthan, India (Mission Date Oct-Nov 2012).* IAEA Operational Safety Review Team. Vienna.

International Atomic Energy Agency (IAEA). 2020b. *OSART Good Practices; Procedures, Records, and Maintenance History: Seabrook, USA (Mission Date June 2011).* IAEA Operational Safety Review Team. Vienna.

US Nuclear Regulatory Commission (US NRC). 1979. *TMI-2 Lessons Learned Task Force Final Report.* NUREG-0585. Washington DC.

الفصل 3

American Society of Mechanical Engineers (ASME). 1989. *An American National Standard: Quality Assurance Program Requirements for Nuclear Facilities.* ASME NQA-1, 1989 ed. New York.

الفصل 4

US Nuclear Regulatory Commission (US NRC). 2002. *The Human Performance Evaluation Process: A Resource for Reviewing the Identification and Resolution of Human Performance Problems.* NUREG/CR-6751. Washington DC.

الفصل 5

American Nuclear Society (ANS) Standards Committee. 2016. *American National Standard Glossary: Glossary of Definitions and Terminology.* American Nuclear Society. La Grange Park, IL.

American Society of Mechanical Engineers (ASME). 1989. *An American National Standard: Quality Assurance Program Requirements for Nuclear Facilities.* ASME NQA-1, 1989 ed. New York.

Canadian Nuclear Safety Commission (CNSC). 2018. *Glossary of Canadian Nuclear Security Commission Terminology.* REGDOC-3.6. Ottawa.

European Nuclear Society (ENS). *Nuclear Glossary.* Accessed 1 February 2021. https://www.euronuclear.org/scientific-resources/nuclear-glossary.

Federal Energy Regulatory Commission (FERC). *Glossary.* Accessed 1 February 2021. https://www.ferc.gov/about/what-ferc/about/glossary.

Institute of Nuclear Power Operations (INPO). 2006. *Human Performance Reference Manual.* INPO 06-003. Atlanta.

Institute of Nuclear Power Operations (INPO). 2008. *INPO Technical Writing & Document Standards Manual.* Atlanta.

International Atomic Energy Agency (IAEA). 2019. *IAEA Safety Glossary, Terminology Used in Nuclear Safety and Radiation Protection.* 2018 ed. Vienna.

Organisation for Economic Co-operation and Development Nuclear Energy Agency (OECD NEA). *Acronyms.* Accessed 26 March 2021. https://www.oecd-nea.org/general/acronyms/.

US Nuclear Regulatory Commission (US NRC). 2017. *Glossary of Security Terms for Nuclear Power Reactors.* NUREG 2203. Washington DC.

US Nuclear Regulatory Commission (US NRC). *Glossary.* Accessed 1 February 2021. https://www.nrc.gov/reading-rm/basic-ref/glossary.html.

World Nuclear Association (WNA). *Nuclear Glossary.* Accessed 1 February 2021. https://www.world-nuclear.org/information-library/facts-and-figures/nuclear-glossary.aspx

الفصل 6

International Atomic Energy Agency (IAEA) Director General. 2015. *The Fukushima Daiichi Accident.* Austria.

الفصل 11

US Nuclear Regulatory Commission (US NRC). 1979. *TMI-2 Lessons Learned Task Force Final Report.* NUREG-0585. Washington DC.

قائمة الكلمات والمصطلحات

e.g. 61, 75, 76
i.e. 61, 75, 76
None 9, 51, 56, 77
الاختصار 75, 76
الأداء البشري 3, 6, 16, 24, 67, 72
إدارة الوثائق والسجّلات 50, 51, 53, 58, 59
إسبانيا 3
الإسناد الترافقي 70, 74
الإمارات العربية المتحدة 1-3
بلجيكا 2
بيان الغرض 16, 18-20, 36
تاريخ المراجعة 11
تركيا 4
تعريف 6, 9, 21-27, 35, 36, 76
تعليمات 6, 9, 10, 15, 18, 19, 24, 26, 30, 33, 35, 36, 38, 40, 41, 43, 48, 53, 55-58, 66, 67, 69-73, 77
تنبيهات 73, 74
جدول المحتويات 6
جدول المراجعة 5, 6, 11
جزيرة الثلاثة أميال 7, 66
الجمعية النووية الأمريكية (American Nuclear Society) 27
الجمعية النووية الأوروبية (European Nuclear Society) 27
خطّة برنامج 62-64
الدروس المستفادة 51, 66, 67
سجلّات 6, 9, 34-36, 51-53, 57, 59, 77,
سلامة .... ix, 3, 4, 6, 27, 29, 66-68, 77
سياسة 62, 63
ورقة الغلاف 6
صور .... ix, 6, 7, 89
ضمان الجودة 16, 27, 34, 66, 67, 77
العبارات الثابتة 39, 40
غرض ونطاق 6, 9, 15, 18, 35, 36, 43, 48
الفواصل العليا 25, 28
فوكوشيما دايتشي 29
قائمة المهام 26, 30, 31
قوائم الرصاص 61, 69-71
قائمة مرجعيّة 55, 58
قائمة مصطلحات 6
كندا 2, 3, 27
اللجنة التنظيمية النووية 2, 7
محطة دانجنيس للطاقة النوويّة 7
محطة ديل للطاقة النووية 2
محطة راجستان للطاقة الذرية 6
محطة سيبروك للطاقة النووية 7
مراجع 6, 9, 35, 45-49, 53, 77
مرفق 6, 9, 10, 15, 36, 48, 55-59, 64, 65, 77
مسؤوليّات 6, 9, 10, 18, 29, 30-33, 36
مصطلح مختصر 23
معهد عمليّات الطاقة النووية (Institute of Nuclear Power Operations) 2, 22, 27
ملاحظات 2, 61, 73,
المملكة المتّحدة 3, 7
نموذج 5, 6, 8, 9, 15, 16, 19, 23, 24, 35, 36, 51, 53, 55, 58, 70, 76
الهند 2, 7
الوكالة الدولية للطاقة الذرية (International Atomic Energy Agency) 2-4, 6, 7, 27, 29
وكالة الطاقة النووية 23
الولايات المتحدة 2, 3, 7, 27, 66

85

الكاتبة

© Irene Revatti

بدأت الكاتبة كات ستيفنسون (Cat Stephenson) حياتها العمليّة كصحافيّة في جريدة نوم ناجيت (Nome Nugget) في ولاية ألاسكا وككاتبة في مجلّة ألاسكا (Alaska Magazine). بعد ذلك، تركت عملها في الصحافة للعمل كمحرّرة في مواقع تنظيف النفايات النوويّة التابعة لوزارة الطاقة وفي محطات الطاقة النووية التجارية في كلٍّ من الولايات المتحدة وخارجها. وهي حاصلة على بكالوريوس في الصحافة المطبوعة ودرجة الماجستير في إدارة المشاريع البيئيّة.

تتخصّص كات في التدريب على الكتابة الصحيحة والواضحة. تستمتع بشكل خاص بالعمل مع المهندسين الذين يتكلّمون اللّغة الإنجليزية كلغة ثانية. تعاونت مع المحترفتين الموهوبتين: المترجمة دانة عوض (Dana Awad) والمحرّرة ستايسي سميث (Stacy Smith) لكتابة النسخة العربيّة من دليل جديد مهمّ للمهندسين النوويّين في العالم العربي، وهو كتاب "ما لا يجب فعله" (What NOT to Do).

تحبّ كات الانغماس في الثقافات المختلفة حول العالم، وقد سافرت إلى أكثر من 35 بلداً. تتكلّم ثلاث لغات بشكلٍ جيّد وتعيش حالياً بين الولايات المتحدة الامريكيّة وتركيا.

المساهمون

تعيش المحرّرة ستيسي سميث *(Stacy Smith)* في مسقط رأسها ألاسكا، ولديها خبرة في تصميم الطباعة والوسائط المتعدّدة والكتابة الفنيّة والتحرير. عملت لمدّة 20 عاماً كمحرّرة مختصّة في جامعة ألاسكا أنكوراج، ثمّ أسّست دار نشر فول سبيكترم *(Full Spectrum Publications)* عام 2018، كما وتتطوّع كمحرّرة منتسبة للمجلة الأدبيّة المشهورة ألاسكا كوارترلي ريفيو *(Alaska Quarterly Review)*. تحبّ المشي لمسافات طويلة، وكاراتيه Uechi-Ryu، ورياضة فلاي بول *(flyball)* للكلاب.

المترجمة الدكتورة دانة عوض أستاذ مساعد في الجامعة اللبنانيّة ونائب رئيس التعليم والتدريب في المجمع العربي للمترجمين المحترفين. بالإضافة إلى عملها الأكاديمي والبحثي في الجامعة اللبنانيّة، تعمل في الترجمة الحرّة الشفهيّة (التتبعيّة والفوريّة) والكتابيّة مع عدّة منظّمات عالميّة وفي التدريب على الترجمة من وإلى العربيّة في المجمع العربي للمترجمين المحترفين. دانة عوض كاتبة أكاديميّة ولديها أبحاث منشورة في مجلّات علميّة عالميّة.

المحرّر الدكتور غسّان مراد أستاذ في حوسبة اللغة والإعلام الرقمي في الجامعة اللبنانيّة، ويشغل حاليًا منصب رئيس مركز الأبحاث والدراسات في كلية الآداب والعلوم الإنسانية ورئيس تحرير مجلة "دراسات جامعية في الآداب والعلوم الإنسانية". ترأّس سابقاً الفرقة البحثيّة "الترجمة وعلوم اللغة والتواصل" في المعهد العالي للدكتوراه في كليّة الآداب والعلوم الإنسانيّة والاجتماعيّة في الجامعة اللبنانيّة، وهو باحث مشارك في مختبر الألسنيّة المعلوماتيّة والعلوم الإدراكيّة في جامعة السوربون.

المصوّر الفوتوغرافي والسينمائي كيلي لاسي *(Kelly Lacy)* هو مؤسّس إستوديو مايك بيوتيفول *(Make Beautiful Studio)*، وهي جمعيّة لخبراء الأفلام الذين ينتجون المطبوعات ومقاطع الفيديو والأفلام الوثائقية للشركات المحليّة والدوليّة وللمؤسّسات غير الربحيّة. يهتمّ كيلي بمن ليس لديهم منصّة لإيصال صوتهم، ويقدّم الاستوديو الذي أسّسه كمنصّة لهم. يعيش كيلي في تشاتانوغا بولاية تينيسي، وهو عدّاء ومستكشف في الهواء الطلق.

بدأ المصوّر جون كليمنت *(John Clement)* حياته المهنيّة في منتصف السبعينيات وحصل على أكثر من 60 جائزة إقليميّة ووطنيّة ودوليّة للأعمال التصويريّة والتجاريّة. تُعرض صوره في العديد من المعارض، بما في ذلك تسع مطبوعات على سبيل الإعارة الدائمة للمصوّرين المحترفين في أمريكا. يعيش جون في كينويك بولاية واشنطن، حيث يشارك معجزة هذا العالم الجميل من خلال التصوير الفوتوغرافي.